The Essential Guide to a Healthy, Sugar-Free Lifestyle

Kieran O. Patel

All rights reserved. Copyright © 2023 Kieran O. Patel

Funny helpful tips:

Build a strong brand identity; it sets you apart in a competitive market.

Engage with books that promote mindfulness; they offer tools for presence and mental clarity.

The Essential Guide to a Healthy, Sugar-Free Lifestyle : Achieve Optimal Wellbeing with Proven Strategies for Embracing a Delightfully Sweet Sugar-Free Diet

<u>Life advices:</u>

Stay connected with literary podcasts; they offer discussions, interviews, and insights into the literary world.

Prioritize mental exercises; activities like puzzles and reading enhance cognitive function and memory.

Introduction

This is a helpful resource designed to assist individuals in reducing or eliminating their sugar intake. It provides valuable information about the detrimental effects of excessive sugar consumption and offers practical tips and strategies for transitioning to a sugar-free lifestyle.

The guide begins by addressing the deceptive nature of sugar and its impact on our health. It highlights the various negative effects of consuming too much sugar, including weight gain, increased risk of chronic diseases, and unstable blood sugar levels. The importance of simplifying blood sugar levels is emphasized, and the role of fructose and artificial sweeteners in sugar addiction is explored.

The guide sheds light on the significance of understanding fat and its relationship to sugar consumption. It educates readers about the different types of sugars and their presence in various foods, including fruits. The importance of reading labels to identify hidden sugars is emphasized, along with practical tips for grocery shopping and meal preparation.

To facilitate the transition to a sugar-free lifestyle, the guide provides guidance on how to be prepared and make conscious food choices. It offers practical advice on starting the sugar-free journey and provides strategies for dealing with cravings and overcoming obstacles along the way.

Furthermore, the guide emphasizes the importance of experimenting, feeling good, and maintaining long-term sugar-free habits. It provides a collection of recipes that are free from added sugars, allowing individuals to enjoy delicious and nutritious meals without compromising their health.

This book serves as a valuable resource for individuals looking to reduce their sugar intake and improve their overall well-being. It provides practical information, tips, and recipes to support a successful transition to a sugar-free lifestyle and help individuals maintain their commitment to healthier eating habits.

Contents

THE SWEET DECEIT 1
THE EFFECTS OF TOO MUCH SUGAR 3
SIMPLIFYING BLOOD SUGAR 4
THE MASKED CULPRIT - FRUCTOSE 7
ARTIFICIAL SWEETENERS 9
FAT FACTS! 10
WHAT CAN I EAT? 11
FRUIT SUGARS 14
HOW TO READ THE LABELS 16
BE PREPARED! 18
START BEING SUGAR-FREE 19
HOW TO DEAL WITH CRAVINGS 22
EXPERIMENTING, FEELING GOOD &MAKING IT LAST 25
RECIPES 27
SMOKEY BAKED EGGS 29
BREAKFAST BURRITO 30
MINI MEATLOAVES 31
TOMATO, CHEESE & OLIVE FRITTATA 32
CHEESE & HERB SCRAMBLED EGGS 33
HAM & CHESTNUT MUSHROOM OMELETTE 34
BOILED EGG & ASPARAGUS DIPPERS 35
WARM FRUIT SOUFFLE OMELETTE 37
SPINACH & APPLE SMOOTHIE 38
BLUEBERRY & COCONUT SMOOTHIE 39

- SPINACH AND CUCUMBER SMOOTHIE 40
- ALMOND FLOUR PANCAKES 41
- COCONUT PANCAKES & BLUEBERRYCOMPOTE 42
- HIGH PROTEIN COCONUT & ALMONDPANCAKES 44
- PANCAKE TOPPERS 45
- LUNCH 46
- BROCCOLI & FENNEL SOUP 47
- CHICKEN SOUP 48
- BUTTERNUT SQUASH & GINGER SOUP 49
- LETTUCE & BASIL SOUP 50
- KALE & BUTTERBEAN SOUP 51
- MOZZARELLA, TOMATO & BASIL CAPRESE 52
- SMOKED MACKEREL PATE 53
- VEGETABLE SUSHI ROLLS 54
- CRAB OMELETTE 55
- HALLOUMI & PANCETTA ROLLS 56
- SMOKED SALMON WHIRLS 57
- TABBOULEH 58
- CAULIFLOWER CHEESE WITH HAZELNUTS 59
- QUICK CURRIED PRAWNS 60
- SMOKED MACKEREL AND BUTTERBEANSALAD 61
- WINTER SALAD WITH MACADAMIA NUTS 62
- QUINOA & FRESH HERB PATTIES 64
- SALAD JARS 65
- SUGAR-FREE BAKED BEANS 67
- POTATO SKINS 68
- QUINOA, FETA & BROCCOLI SALAD 69

AVOCADO & BLACK EYED PEA SALAD	70
FETA & COURGETTE CAKES	71
DINNER	72
CHICKEN & CHORIZO CHILLI	73
SAUSAGE & BUTTERNUT SQUASH MASH	74
PORK CHOPS IN PEPPER CREAM SAUCE	75
THAI GREEN CHICKEN CURRY	76
BACON & BROCCOLI HASH	77
BARBECUE 'BUFFALO' CHICKEN WINGS	78
CHILLI & LIME TURKEY STRIPS	79
CELERIAC MASH	80
SWEET POTATO MASH WITH GINGER &NUTMEG	81
CHICKEN CASSEROLE	82
SALMON & DILL BURGERS	83
SALMON & COD KEBABS WITH CORIANDERPESTO	84
SEA BASS GREMOLATA	85
PARMA HAM & TURKEY ROLL	86
TURKEY BURGERS	87
PAPRIKA & GARLIC OVEN ROAST CHICKEN	88
CORIANDER & LIME CHICKEN SKEWERS	89
THYME & LEMON CHICKEN	90
PESTO PORK WITH MOZZARELLA &TOMATO	91
MEDITERRANEAN HERB QUINOA	92
SPICY LAMB STEW	93
LAMB CURRY WITH CINNAMON & STARANISE	94
MILDY SPICED CHICKEN SKEWERS	96
FRIED RICE & PORK	97

QUICK & EASY CHICKEN CURRY 98
PARMESAN CHICKEN 99
CAJUN SALMON 100
THAI VEGETABLES 101
CHICKEN & AVOCADO SALAD 102
VEGETARIAN CHILLI 103
PORK CHOPS, MUSHROOMS & SOURCREAM 104
CHILLI BEEF & BROCCOLI 105
BRAISED BEEF & CHESTNUT MUSHROOMS 106
BLUE CHEESE BURGERS 107
THAI BEEF 108
COCONUT DAHL 109
DESSERTS, SWEET TREATS & SNACKS 110
SPICY MIXED NUTS 111
COURGETTE CHIPS (ZUCCHINI) 112
KALE CHIPS 113
CHERRY & ALMOND 'CHEESECAKE' 114
SPICED PEARS WITH MASCARPONE 115
COCONUT SNACK BARS 116
BANANA CHOCOLATE BITES 117
CHOCOLATE BRAZIL NUT BRITTLE 118
NUT BUTTER CHOCOLATES 119
RASPBERRY, LIME & COCONUT FOOL 120
BERRY ICE-CREAM POPSICLES 121
CARDAMOM, BANANAS AND VANILLA YOGURT 122
RASPBERRY & CHOCOLATE ICE CREAM 123
YOGURT TOPPERS 124

SAUCES & DIPS	125
HUMMUS	125
BARBECUE SAUCE	126
SUGAR-FREE KETCHUP	126
CORIANDER PESTO (CILANTRO)	127
BASIL PESTO	127
MINT PESTO	128
CAJUN SEASONING	128
CLASSIC VINAIGRETTE	129
GARLIC VINAIGRETTE	130
WALNUT VINAIGRETTE	130

THE SWEET DECEIT

The Bitter Truth

Sugar affects us all in many different ways, and symptoms that you may have assumed were unrelated could actually be caused by the everyday sugar you are currently consuming.

This list isn't for medical diagnosis, but it is an indicator of the different ways fluctuating blood sugar levels could be affecting you. Before changing your diet, you should consult your doctor to find out if there is an underlying cause. If your symptoms are unexplained, it would be incredibly beneficial to take steps to cut out sugar. You don't need to be obese or even fat to be experiencing blood sugar problems. Or perhaps you are already further down the line than that. Have you already been diagnosed with diabetes?

SYMPTOM CHECKER

- Inability to lose weight
- Tiredness after eating
- Irrational when hungry
- Craving sugar, sweets and carbohydrates
- Panic attacks and unexplained anxiety
- Depression (crying spells)
- Poor memory
- Brain fog, difficulty concentrating
- Light-headedness
- Heart palpitations and tachycardia (rapid heart rate)

- Insomnia
- Shaking
- Irritability
- Desire for stimulants like caffeine, chocolate or cigarettes
- Excessive sweating
- Cold extremities and numbness
- Fatigue
- Excessive thirst
- Sudden tiredness and inability to concentrate
- Visual disturbance

THE EFFECTS OF TOO MUCH SUGAR

- Sugar is bad for the heart, even in healthy people.

- Excessive sugar consumption leads to high blood pressure and increases the risk of heart disease and strokes.

- According to an NHS Diabetes Audit, diabetics are 48% more likely to have a heart attack.

- It's responsible for increased yeast infections like thrush.

- Ferments in the gut causing wind, bloating and diarrhoea and IBS symptoms.

- It's been linked to fertility problems.

- A Netherlands university study showed higher levels of glucose lead to looking older, due to slower collagen production.

- It has been linked with dementia, as continual high blood sugar damages blood vessels and reduces oxygen to the brain.

- Recent studies suggest that those with high blood sugar are more likely to develop cancer of liver, bowel, breast and pancreas.

- It can cause fatty liver disease. If insulin is less effective, sugar gets stored as fat in the liver, and as we become less sensitive to insulin, it heightens the risk of type 2 diabetes.

- It can cause migraines and headaches due to sleep irregularities from sugar consumption.

SIMPLIFYING BLOOD SUGAR

In basic terms, when we eat, carbohydrates are digested and absorbed as sugar which is taken up in the blood, and either used immediately or stored as glycogen. Insulin is secreted by the pancreas relative to the body's blood sugar levels to allow the glucose into the cells. Low insulin results in the diminished ability to control sugar levels, leading to high blood sugar. It's like a pendulum effect, and it's important to avoid large swings in blood sugar. A rapid rise will result in more insulin being secreted and can cause a rapid low, with some pretty unpleasant symptoms.

The pancreas and adrenals eventually become exhausted, resulting in further declining insulin levels, leading to high blood sugar and diabetes. But let's not get carried off on a negative wave here. You can get off the rollercoaster ride of spiking sugar levels.

The aim is to keep it in the middle, avoid extremes and learn to relax more.

PRE-DIABETES

Pre-diabetes is often a precursor to the onset of Type 2 Diabetes. This can manifest as borderline sugar levels. If this is picked up soon enough, it can mark the turning point, and dietary and lifestyle changes can turn things around and prevent the condition from getting worse.

METABOLIC SYNDROME, AKA SYNDROME X

Another aspect of problems due to sugar is Syndrome X. This is also a risk factor for developing Type 2 diabetes. Syndrome X is characterised by tiredness, poor ability to focus, weight gain (especially around the middle) and insulin resistance. If you are concerned, your doctor can do a test to assess your blood sugar levels and advise you of your risk. Remember, diabetes develops when the body either doesn't produce sufficient insulin, or it doesn't use it effectively i.e. insulin resistance.

Insulin resistance means that instead of glucose being used by the body, it will be turned into fat – that is, until it can re-balance. There is a theory that people who over-secrete insulin, resulting in hypoglycaemia (low blood sugar) as a result of the pancreas producing too much insulin, can go on to develop Type 2 diabetes. Fluctuating highs and lows can destabilise sugar levels further, and as the pancreas becomes 'exhausted' it no longer functions in the way it should.

The symptoms of this could present as reactive hypoglycaemia, or low blood sugar episodes, occurring within four hours of a meal. With such changeable sugar levels, it could be difficult to diagnose.

A prolonged glucose tolerance test, carried out by your doctor, may be helpful.

NO MORE THE CARB JUNKIE

So many of us automatically reach for a carbohydrate-rich meal or snack when we're hungry and short of time. We also associate it with comfort and use it as a stress-reliever. The feel good factor is short lived. It's a quick fix, one that picks up your blood sugar and serotonin levels, then dumps you straight after.

Once your blood sugar levels are more balanced, you won't crave this kind of stodgy food so much. Many of these recipes in this Quick Start Guide are low in carbohydrate for that reason. It's not worth making the effort to eliminate sugar, then overloading your digestion with starchy food which will turn to sugar and fat. Ditch the love affair with sugar - it wasn't working for you anyway!

DON'T UNDERESTIMATE THE EFFECT OF STRESS

The problems of excess sugar are well documented, but the warning signs that your body is already struggling with the effects of sugar may be there. Often, what is presumed to be emotional disturbances are the result of normal mood fluctuations, exacerbated by sharp changes in sugar levels. Some healthcare professionals advise patients suffering with anxiety to stop all stimulants such as coffee, tea, alcohol and sugar, to help with their symptoms and help them find an even keel.

The body's natural 'fight or flight' response dramatically influences blood sugar levels, by triggering a release of adrenaline. Nowadays, our primal stress reaction is triggered by lifestyle pressures; work, financial commitments and relationships. These don't require 'flight' reaction (usually!) so the sugar levels stay high, rather than burning off energy by physical action. Chronic stress leads to fatigue and adrenal exhaustion, which worsens hypoglycaemia (low blood sugar).

A short energy blast is given by stimulants, such as coffee, tea, alcohol, chocolate, cigarettes and so-called energy drinks which are heavy with glucose. They stimulate the release of glucose into the bloodstream, causing a sharp rise in blood sugar and further stimulating the adrenals. Oh the joy!

This cycle will create cravings and a powerful desire for a quick fix which perpetuates the sharp peaks and troughs in sugar levels. Quick fixes are a temporary solution but with long-term consequences. There was a time when it was advised to just trade in pasta, white rice and bread, for brown, wholemeal alternatives. But this is not enough; especially if you are showing signs of blood sugar imbalance and particularly if you wish to lose weight. Protein helps, and there aren't many people who haven't heard of the Atkins diet. The recipes in this book take a more balanced approach which will help you get a wide variety of nutrients to nourish your body and keep you full.

THE MASKED CULPRIT - FRUCTOSE

The harmful effects of sugar are well documented. But what about our consumption of natural, and apparently healthy sugar – Fructose? Fructose consumption is one of the top reasons the 'healthy' eaters in our population have become frustrated with their results; from hunger pangs to expanding waist lines. It's become normal to have a large glass of orange juice with breakfast, and an apple juice with dinner, but this 'healthy' habit has been overwhelming us with sugar. A glass of fresh apple juice has 6 ½ teaspoons of sugar, whereas a can of fizzy drink has around a teaspoon less! Fructose is metabolised in the liver which is fine in small amounts and with the fruit's own fibre, however we consume copious amounts which are harmful and are shown to result in a fatty liver. In the case of fruit juices, most of the fibre has been removed, so you are effectively left with liquid sugar.

One expert commented that fructose should come with a health warning, similar to that of a packet of cigarettes. Seem extreme? Maybe not. Here's why.

Fructose is converted and stored as fat, rather than being used as fuel. Fruit sugar is naturally occurring and found in fruits and vegetables. Fruit is great and full of nutrients, but we need to watch the sugar content. Fructose makes us crave more and is stored in the liver, unlike glucose which is taken up by the blood stream and used immediately. That's not letting glucose off the hook, overconsumption of all sugars are responsible for the surge in obesity and bulging waist lines, but fructose is converted to fat immediately in the body.

So many of us have ditched the chocolate bars and sugary drinks and reached for apparently healthy cereal bar and a large glass of pure orange juice instead. It's frustrating when you think you're making a great effort to eat the right things and yet you're still unable to lose weight. Does this sound familiar? If you've quit the sweet treats, and been honest with yourself about how much sugar you are actually consuming, and are still unable to make progress, then fructose could be the culprit. Please remember, just because something is sold in a health shop, does not make it healthy!

A real revelation is that agave syrup, which is derived from natural sugar, which has a low glycaemic index, is loaded with concentrated fructose and Is actually bad for you. It's widely used as a healthy sweetening alternative.

Let's differentiate between naturally occurring fructose in whole fruits and vegetables, and that which is processed and added to food products, such as high fructose corn syrup. Avoid anything which has been processed, cleared of all fibre and concentrated. It's highly processed. Agave syrup is very high in fructose. Depending on the brand, agave can contain anything from 75% to 92% fructose. The quantity of fructose in agave is considerably higher than high-fructose corn syrup, which is 55%. And also much higher than white table sugar, which is 50% fructose, thus making agave syrup more harmful than either high fructose corn syrup or white refined sugar.

The fact that agave syrup is high in low-glycemic fructose is often hailed as a benefit of using it. What many people don't realise is that it is concentrated fructose. Here is a startling fact; the Glycemic Index Institute of Washington DC delisted and banned it due to it being harmful to participants in studies.

For so many people who already have a healthy diet, the effect of fructose on the body has to be the biggest eye-opener. It's frustrating for so many people who've made positive changes to their diet and were unwittingly sabotaging themselves with a high intake of fruit sugar.

ARTIFICIAL SWEETENERS

Sweeteners, with exception of stevia which we'll get to in a minute, have created controversy since the 1970's, and have been linked with cancers, a higher BMI and lead to conflicting scientific results on the safety of chemical sweeteners, added to diet soft drinks, sweets and cough medicines.

Artificial sweeteners such as saccharin, sucralose and aspartame are completely artificial chemical sweeteners made by highly-industrial processes. None of them have calories or glycemic index, and they have been linked to cancer and chronic illnesses in numerous studies. Yet studies still produce conflicting and inconclusive results. There are still reports that they are harmful and yet they are still being added to everyday food. Sucralose is made from refined sugar which has a molecule of chlorine added to it so it isn't properly digested by the body. Aspartame also has an aftertaste which some find dislikeable. Basically, they aren't real food.

One concern about artificial sweeteners is that they affect the body's ability to gauge how much has been consumed. Some studies show that sugar and artificial sweeteners affect the brain in different ways. At the University of California, San Diego, researchers found the human brain responds to a sweet taste with signals to eat more. By providing a sweet taste without any calories, it will cause us to crave more sweet foods and drinks. Not what you need to kick the sugar habit!

Included in this book are recipes which have included the use of stevia to give you the safest option for a sweetener. Stevia or sweet leaf is derived from the South American Stevia Rebaudiana plant. It won't elevate your blood sugar and doesn't contain calories.

FAT FACTS!

Fat has had a lot of bad press, but it's actually necessary to eat some fats. They are a valuable source of energy.

The clue is in the name: **Essential Fatty Acids.**

These are vital for nerves, brain, skin and forming hormones. It's not easy to over indulge with healthy fatty foods – you'll hit your 'off' switch pretty quickly – unlike sugar. Instead of hitting a sugary snack, opt for a healthy fat option.

> **GOOD FATS:**
> Coconut
> Avocado
> Walnuts
> Peanuts Sunflower seeds
> Eggs Flaxseeds
> Olives
> Oily fish (salmon, mackerel, trout and sardines)

It's the artificial trans fats you want to avoid as their chemical structure has been changed by heating and hydrogenation. They are found in margarine, fried food, factory produced cakes and biscuits. On labels, you find them listed as hydrogenated or partially hydrogenated oils or fat. And butter is better than margarine.

WHAT CAN I EAT?

DON'T EAT THESE:

> **Any food containing sugar: read all labels.**
>
> - Avoid all fizzy and sugary drinks, including diet drinks with artificial sweeteners such as, aspartame, xylitol, sucralose, cyclamates, saccharin, acesulfame potassium
>
> - All dried fruit, including dates, apricots, raisins, sultanas, apples, bananas, mango, pineapple, figs etc;
>
> - Pure or concentrated fruit juices
>
> - Cakes, biscuits, muesli, granola, muffins, cereal bars, sweets

- Breakfast cereals (where sugar added to ingredients)
- Sucrose
- Maltose
- Dextrose
- Corn syrup
- Glucose syrup
- Fructose
- High fructose corn syrup
- Agave nectar
- Honey
- Jam
- Golden syrup
- Maple syrup
- Treacle
- Molasses
- Ready-made sauces like relish, ketchup and barbecue sauce

DO EAT THESE:

If it's green, you can go ahead. Cooking from scratch means you know exactly what is going into your food. Eat protein with every meal. It staves off hunger and has little effect on blood sugar. Make sure you have plenty of high protein snacks available.

- Chicken, pork, lamb, turkey, beef.

- Prawns, cod, salmon, and mackerel – oily fish are especially good.

- Uncoated nuts; Brazils, hazelnuts, cashews, peanuts and pecans

- Sunflower, sesame and pumpkin seeds.

- Cheese

- Eggs

- Yogurt

- Nut butters; peanut, almond, cashew

- Tinned tuna and sardines

- All fresh vegetables (Note; beetroot, carrots & onions are higher in fructose so reduce or avoid these if you're struggling with cravings and watching your weight.

- Raspberries, blueberries, kiwi, blackberries, rhubarb, lime, lemons

- Brown rice, quinoa, wholemeal bread (check label for sugar content)

- Popcorn

- Herbal teas (fruit teas – check sugar content)

- Reduce or remove sugar from tea and coffee

- Coconut flakes

- Corn

- Coconut oil

- Olive oil

- Cooked/sliced meats like cooked chicken, prawns or ham which you can nibble on.

Quinoa, pronounced 'keen wah' is a high protein grain which is packed with goodness, so it really is a wonder food to help break the starchy carbohydrate cravings for white bread or cakes.

Watch out for things like relishes, sauces, pickles and sun-dried tomatoes which can have sugars much higher than their fresh counterparts.

FRUIT SUGARS

Avoid fruit for the first 2-4 weeks. It'll help your cravings. It sounds harsh, because fruit has so many benefits, but while you're in the early stages of being sugar-free it could tickle your taste buds and tempt you to have more fruit or even sugary snacks. The body can usually tolerate a maximum of 2 pieces of fruit a day. Some of the recipes included in this book do have fruit in them and it's probably best to keep the back section with dessert recipes until you feel confident that you're in control of your sugar consumption. You don't want to come undone too early.

After that, whenever you are having fruit, make sure have it in its entirety i.e. including the fruit's fibre because the fibre it contains delays absorption of carbohydrates and sugar.

Here are the sugar contents of fruit, so you can choose how strict you wish to be. If you are insulin resistant or trying to lose weight you may wish to avoid these. And without exception, steer clear of all dried fruit.

SUGAR CONTENT OF FRUIT PER 100G	
Figs	16g
Grapes	16g
Mango	14g
Pomegranate	14g
Banana	12g
Pineapple	10g
Apple	10g
Blueberries	10g
Kiwi fruit	9g
Oranges	9g
Cherries	8g
Papaya	8g
Peaches	8g
Honeydew melon	8g
Watermelon	6g
Strawberries	4.9g
Raspberries	4.4g
Lemon	2.5g
Lime	1.7g
Rhubarb	1.1g

4 g of sugar = 1 teaspoon

But let's be sensible about this and not worry too much about the numbers. Having a couple of pieces of whole fruit is nowhere near as harmful as adding refined sugars and fibre-free fructose. The nutrients are valuable and the taste sensation important to add variety to your diet, not to mention pure enjoyment. The best way to eat fruit is in its whole, natural state as the fibre will slow down the absorption. Pure fruit juices, and those from concentrate, are basically liquid fructose and will result in a higher blood sugar, pouring sugar straight into your liver and setting you up for a low afterwards. It's the swing that can create unexplained mood swings, shakiness and fatigue.

The sugar content of vegetables is generally much lower that than in fruit. Sweet tasting vegetables often thought to be high in sugar are still lower than that of most fruits. Carrots come in at 4.7g, pumpkin at 2.8g and spinach at 0.4g. However beetroot, even unsweetened, has a sugar content of 7g, almost as much as honeydew melon.

The guide is to allow you to select which fruit to choose when you reintroduce fruit into your diet. All fruit has great nutritional value, but 100g of raspberries only has a quarter of the sugar of figs, so choose wisely and you could keep your sugar intake low and still have fresh fruit daily.

ALCOHOL

With a lot of alcoholic drinks, it's the mixers which are high in sugar and are difficult if not impossible to avoid if you drink spirits. Soda is about your only option as a mixer. Gin and vodka are lower in sugar, as is dry wine. Red wine has slightly less sugar than white. Avoid desert wine, cider, and liqueurs.

HOW TO READ THE LABELS

So you pick up cooked chicken in the supermarket, thinking it's just chicken, right? Wrong. Often during cooking, chicken and other meats have been basted with dextrose. Dextrose is another name for glucose, so it's best avoided. Cooked and sliced meats like Chinese or barbecue chicken that have been coated with a marinade almost certainly contain added sugar. Here are some of the alias's sugar is also known as. Avoid these.

- Invert sugar syrup

- Cane juice crystals

- Dextrin

- Dextrose

- Glucose syrup

- Sucrose

- Fructose syrup

- Maltodextrin

- Barleymalt

- Beet sugar

- Corn syrup

- Date sugar

- Palm sugar

- Malt syrup

- Dehydrated fruit juice

- Fruit juice concentrate

- Carob syrup
- Golden syrup
- Refiners syrup
- Ethylmaltol

BE PREPARED!

Take a few days to process what it is you are going to eat. Stock up on ingredients and empty your cupboards of temptations. There really is no bad time to start - the sooner the better, but if you have an upcoming party or celebration, you may want to get that under your belt before you begin.

If you haven't already, start cutting out those obviously sugar-laden foods, the fizzy drinks, sweets, cakes, chocolate. It'll make it easier when you go cold turkey!

CONSIDER TAKING SOME SUPPLEMENTS

OK, it's worth acknowledging that if your diet is well balanced, your digestion is A1 and your lifestyle is stress-free, you shouldn't need supplements. If this is you, great! However, if you're like the majority, you may need to make healthy changes to get all your nutrients. Deficiencies may need corrected. Inadequate nutrition and a busy lifestyle may have depleted your reserves.

Vitamin B

B vitamins help your body to deal with stress and it's particularly important for the nervous system, so it's helpful to get enough B vitamins when you are cutting out sugar. It's available naturally in brown rice, turkey, tuna, pulses (legumes) and bananas. A good quality, B complex will help supplement any B vitamins that are lacking.

Vitamin C

Vitamin C supports the adrenal glands, so it's really useful to combat stress as it's involved in the production of corticosteroid hormones in the adrenals, so it's a welcome boost. Yes, we do get vitamin C from fruits and vegetables, however we know that too much fruit can elevate sugar levels and you want to avoid this. Vitamin C is found in Brussels sprouts, lemons, limes, red and green peppers (bell peppers), cabbage, broccoli, cauliflower - and you won't have to worry about the sugar content. If you choose a Vitamin C supplement, avoid those with sugar or artificial sweeteners.

Magnesium

In the UK, official data showed 42% of men and 72% of women don't consume enough dietary magnesium. American research showed that people with low magnesium levels had a 94% greater chance of developing diabetes than those with the highest magnesium levels. You could do worse than take a magnesium supplement to ensure you're getting enough. It's involved in muscle relaxation, and coming off sugar can be challenging enough. Anything which helps frayed nerves and helps reduce stress has got to be good news. Dietary sources of magnesium are pumpkin seeds, lima beans, black-eyed peas, Brazil nuts, almonds, peanuts, brown rice, baked beans and shrimps.

START BEING SUGAR-FREE

DON'T COUNT DOWN, JUST DO IT!

As your preparation takes shape, don't set yourself a start date. It's like building a wall for you to jump over. Don't make it hard for yourself. Easy does it. Once your cupboards are re-stocked, you've had a look at some recipes and given yourself and idea of what you want to cook, taper the sugar-free changes into your lifestyle. Your target is to have as little sugar as possible.

> There is still disagreement amongst experts about the maximum advisable sugar levels. But it's agreed that:
>
> Your **maximum** daily intake should be 6-9 teaspoons a day, that's 24 – 36g.

If something has more than 22g sugar per 100g, this is considered to be high. If it has less than 5g sugar per 100g it's considered low.

1 teaspoon = 4 grams. Be aware of this when checking the sugar content on labels.

It may seem daunting at first, but when you achieve the upper limit you can then reduce it further. Keep fruit consumption to no more than 2 pieces per day, ideally none for the first month. Keep to low sugar fruits if you wish to eat more.

When you cut out sugar, gradually implement it to get up and running. If you put too much focus on having a start date, you could find yourself thinking 'it's been 17 hours since I've had sugar' so slide into your sugar-free lifestyle. You don't need to announce to friends and family what you're doing – it may add pressure and expectation.

People are well-meaning, but talking it up will only make you think about it more. Imagine announcing to friends that you're quitting sugar and their response. They may say things like 'I could never do that' or 'I couldn't survive without my daily chocolate' or similar negative comments.

We all know sweet stuff tastes great, that's why we've been eating so much of it! So step out of the cycle of what you 'can't' do and just do it; quietly and confidently. Even if only for a few days until you get into your stride. You can tell people what you've accomplished or you could wait until they notice the difference, either in your vitality or your weight loss. Go you!

WHAT TO EXPECT

So let's not sugar coat this! If you've been eating what is classed today as a normal diet, you've probably been consuming too much sugar, and that's without adding it to your coffee; it's hard to avoid it. Therefore, expect some cravings. These can vary in degree, depending on what your current sugar consumption is. Your body will adjust to getting nutrients from less blatant sources, converting fuel from healthy foods which have no empty calories and are packed with goodness. So diminish any thoughts of sugary food, and do something else. Cravings? What cravings? Shrink the thoughts to nothing and quickly that will become you're reality. So while you are adjusting, distract yourself, think of something else, get some exercise, snack on some protein like nuts, cheese, cold meats and plenty of water. Taking a walk will keep you away from the kitchen.

HOW WATER CAN HELP YOU

Water can really help you flush out your system, give you something to do and make you feel full, especially in between meals. Drinking plenty of water really is beneficial. It's generally accepted that 8 glasses a day is optimal. What really makes a huge difference is consuming water first thing in the morning before anything else has gone into your stomach. Why, I hear you ask? Not a coffee or a peppermint tea? Nope, clear cool water.

Large volumes of fluid leave the stomach and pass through to the intestines quicker than small volumes. Cool fluids empty more quickly too. A great way to hydrate quickly in the morning is to have a pint of cool water and add a slice of lemon if you wish. It'll break your fast and carry away the waste products your body has processed while you have slept. So, hydrate your body and start off well. You will feel bright eyed, have clearer thoughts and it will clear early morning fatigue.

HOW TO DEAL WITH CRAVINGS

If sugar cravings kick in well before your next meal, apart from snacking on something high protein one of the best ways to overcome cravings is to use distraction. Literally, get up and do something. Give yourself something else to think about.

TIPS

- Exercise really helps! Get up and do something. Even gentle exercise like walking, swimming or cycling.

- Snack on protein instead of carbohydrates. Coconut chips, nuts, seeds, olives, cheese and meat.

- At mealtimes, replace starchy carbohydrates with lots of veggies and you'll feel less sluggish and hungry.

- Avoid dried fruit (it's loaded with fructose) – have nuts instead.

- Olives are a quick, easy and satisfying snack.

- Schedule in easy meals, plan in advance so you avoid temptation. That way you can also avoid missing a meal.

- Eating little and often is great. Five meals/snacks a day is best but watch your portion sizes.

- Drink plenty of water!

- Prepare some cucumber water. Steep sliced cucumber and mint leaves in a large jug of water, store in the fridge and serve with ice and lemon.

- Pamper yourself with a bath, perhaps add magnesium salts to boost your magnesium and help you relax if cravings are making your irritable.

- Prepare some tasty meals and treats for the fridge or freezer. Have something sugar-free close by so that you aren't tempted.

- Get plenty of rest and sleep.

- To avoid a mid-morning lull, start your day with a protein breakfast like eggs and bacon.

- Watch your starchy food and carbohydrate consumption, especially flour products.

- At mealtimes, replace carbohydrates with heaps of veggies. That way you won't feel so sluggish.

- Carry on-the go snacks protein like nuts, cheese, and cooked meat for quick sustenance.

- A teaspoon or two of peanut butter, straight from the jar can help you feel satisfied. Likewise for coconut oil.

- Don't criticise yourself for giving in to temptation occasionally, just carry on being sugar-free and treat it as a minor glitch. Be warned though, if you do hit the sugar you will trigger sugar cravings so you'll need to focus on getting back on track. Fats and protein can help you with that.

DETOX SYMPTOMS & BALANCING OUT

Sugar cravings are the simplest of the many different sugar withdrawal symptoms, which in a few cases can include headaches and lethargy. But the benefits outweigh temporary irritations. Remind yourself how well you've done. If you can manage it for one day, you can manage it for two, and if you can do it for two you can do it for a week, then another. Before you know it cravings will only be a memory. Once you start feeling better and there is more room inside your clothes, the temporary challenges will have subsided. That's when your achievement is really noticeable.

EXPERIMENTING, FEELING GOOD & MAKING IT LAST

ADDING IN FRUIT

So now you've gotten the hang of what you can and can't eat and you have a selection of your favourite ingredients, you can play around with them. Experiment. You're bound to find your own staples which are handy and quick to prepare.

Try more of the recipes or swap tips with friends. If you've been pretty strict with yourself and avoided fruit for the first 2-4 weeks, you may want to add it into your diet now. Keep it to a maximum of 2 pieces a day. Maybe try an occasional treat. The sweet treat and chocolate recipes are included as a treat and are to be eaten in moderation. Don't overindulge. We don't want your taste buds leading you astray to similar things which are much higher in sugar. If this happens, give yourself a little longer without sweet tasting treats. At the end of a meal, snack on nuts or cheese instead.

KEEP IT GOING! - YOU'VE COME THIS FAR

You can stick to your sugar-free diet for a month or you can just keep on going and sugar-free can be your new normal. Treat it as a lifestyle change and your new way of eating. That's not to say you have to avoid it completely forever, it should never feel like a punishment, but once you're aware of the hidden sugars and the problems it creates you will already be way ahead and for the most part you will be sugar-free.

SIMPLE RECIPES THAT MAKE CUTTING OUT SUGAR EASY

The recipes in this book are easy to fit into a busy schedule, simple to follow and very tasty. We don't want you to feel deprived when you give up sugar. On the contrary, reducing your sugar intake will reset your taste buds and as they adjust you'll savour the more subtle flavours in your food.

Experimenting is the key, and finding out what works for you. Once your kitchen cupboards are stocked with what you like, you can play around with the recipes and find your favourites. Get creative and make it easier for yourself, put the right kind of temptation in your way: include in your diet something which you can really look forward too. Coconut is an amazing treat ingredient - it's a sweet, satisfying, ingredient that won't play havoc with your sugar levels.

The best way to know exactly what you are eating is to make your own food from scratch. It may not take as much time as you think. When you cook from scratch, using good whole ingredients, you won't feel the need to add the unnecessary sugar which is added to the sauces of many convenience meals. To begin with you'll be re-training your taste buds to enjoy the other subtler flavours instead a sugar hit.

Steaming a batch of squash or pumpkin, blending until smooth and storing in the freezer in an ice cube tray means it can be used in small quantities in your cooking as a secret sweet ingredient. As you adjust to being sugar-free you'll be less inclined to want the sugar hit anyway. In the early days of kicking the sugar habit, you may find it easier to have five or six small meals a day to sustain a reasonable blood sugar and prevent fluctuations while your body is adjusting to your new way of eating.

RECIPES

BREAKFAST

It really is the most important meal of the day; so never miss it! Fuelling your body in the morning will kick start your energy, reviving your body and mind, to begin your day well. In Chinese Medicine, it is understood that each organ in the body has a time of high and low functioning, alternating in two hour cycles.

The stomach's peak energy time is between 7am and 9am, before the spleen energy kicks in between 9am and 11am, which helps get the nutrients from our food become utilised by the body. Even if you are fasting overnight, which is really popular and very useful for detox and weight loss, it's best to have your last meal of the day in early evening, to avoid missing breakfast completely.

Avoid a mid-morning lull and start your day with a protein breakfast like eggs and bacon. Smoothies made in a blender are a wonderfully nutritious start, but the same is not true for juices as the liquid is extracted without the fibre. Remember, we want the fibre to slow down absorption.

SMOKEY BAKED EGGS

Ingredients

2 large eggs
30g spinach
1 teaspoon olive oil
1 garlic clove, crushed
1 teaspoon smoked paprika
1 tablespoon crème fraiche

Serves 2

Method

Heat the oil in a pan and add the garlic and paprika. When the garlic starts to soften, add the spinach. Cook for 2-3 minutes until the spinach is wilted. Divide the spinach and the garlic between 2 ramekin dishes then break an egg into each one. Spoon half of the crème fraiche over each egg and sprinkle with smoked paprika. Place the ramekins in a preheated oven at 220C/425F for 15 minutes, until the eggs are set. Serve and enjoy.

For a variation, line the ramekin dishes with smoked salmon and top with an egg, for a rich Sunday morning treat.

BREAKFAST BURRITO

Ingredients

4 large lettuce leaves (romaine and iceberg lettuce work best)
1 tablespoon olive oil
2 shallots, chopped
1 clove garlic, chopped
½ green pepper, chopped finely
4 eggs, beaten
1 teaspoon cumin
½ teaspoon cayenne pepper
150g (5oz) chicken (or other leftover meat)

Serves 2

Method

Heat the oil in a frying pan, add the shallots and garlic. Cook for 5 minutes, until soft. Add the green pepper, cumin, cayenne pepper and chicken and cook for around 3 minutes. Add the eggs and scramble everything together. Serve the filling wrapped in large lettuce leaves. Without the flour tortilla, it makes a high protein breakfast which won't leave you hungry mid-morning.

MINI MEATLOAVES

Ingredients

8 rashers (strips of bacon)
225g (½lb) bacon, chopped
450g (1lb) minced beef (ground beef)
½ teaspoon nutmeg
4 tablespoons chives, chopped
1 tablespoon fresh parsley, chopped
60ml (2fl oz or ¼ cup) coconut milk
2 cloves of garlic, finely chopped
Freshly ground black pepper

Makes 8

Method

Preheat oven to 200C/400F. In a large bowl, combine the minced beef, bacon, garlic, nutmeg, parsley, chives and coconut milk. Mix well and season with black pepper. Use an 8-hole muffin tin, and line each hole with a strip of bacon. Spoon the beef mixture on top of the bacon. Bake the mini meatloaves in the oven for 30 minutes. Remove from the muffin tin and serve.

TOMATO, CHEESE & OLIVE FRITTATA

Ingredients

75g (3oz or ½ cup) black olives
4 large eggs
8 cherry tomatoes, halved
110g (4oz or ½ cup) cream cheese
Sea salt
Freshly ground black pepper
1 tablespoon olive oil

Serves 2

Method

Cut the olives into half, removing all stones. Crack the eggs into a bowl and Whisk. Season with salt and pepper. Heat the oil in a small frying pan and pour in the egg mixture. Add in the tomatoes and olives, cut side up. Add the cream cheese, making little dollops over the top of the frittata. Cook until the mixture completely sets. Place the frittata under a hot grill for 3 minutes. The eggs should be set and the cream cheese soft. Gently remove from the pan, cut into slices and serve.

CHEESE & HERB SCRAMBLED EGGS

Ingredients

4 eggs
40g (1½ oz or ½ cup) cheddar cheese, grated
1 green pepper, finely chopped
2 tablespoons fresh parsley, chopped
2 tablespoons fresh basil, chopped
1 tablespoon olive oil

Serves 2

Method

Put the eggs in a small bowl and whisk. Stir in the parsley and basil then set aside. Warm the oil in a frying pan, add the green pepper and sauté for 3 minutes until soft. Add the green pepper to the egg mixture. Pour the eggs into the frying pan, and stir with a spatula to scramble the eggs. Add the grated cheese and continue scrambling until the cheese has melted.

HAM & CHESTNUT MUSHROOM OMELETTE

Ingredients

2 eggs
1 slice of ham, chopped
2 medium-sized chestnut mushrooms, chopped
40g (1½ oz ½ cup) cheddar cheese, grated
1 teaspoon of parsley
1 tablespoon olive oil

Serves 1

Method

Put the eggs in a small bowl and whisk. Stir in the parsley, ham and mushrooms. Warm the oil in a small frying pan and add the egg mixture. Cook for 1 minute and allow it to start to set without stirring. Then add the grated cheese. Continue cooking until the eggs are set firm and the cheese is softened.

BOILED EGG & ASPARAGUS DIPPERS

Ingredients

4 large eggs
1 bunch of asparagus
Sea salt
Freshly ground black pepper

Serves 2

Method

Place the eggs in a saucepan of boiling water and cook for 4 minutes. Meanwhile, steam the asparagus for 3 to 4 minutes, until tender. Drain the eggs and place into egg cups. Cut the tops off and serve a few spears of asparagus on a plate next to it. The asparagus can be used to dip into the runny yolks and are a great healthy alternative to toast.

DEVILLED EGGS

Ingredients

4 hard-boiled eggs, halved
2 tablespoons coconut oil
1 teaspoon ground ginger
Paprika to season.

Serves 2

Method

Remove yolks from the halved eggs and place in a small bowl. Add coconut oil and ginger then mash together with a fork. Using a teaspoon, scoop the yolk mixture back into each half of the egg. Sprinkle paprika on top.

WARM FRUIT SOUFFLE OMELETTE

Ingredients

1 tablespoon butter
2 eggs
100g (4oz) of raspberries, blueberries or an apple

Serves 1

Method

Heat the fruit in a saucepan for 5 minutes and mash with a fork until soft. Set aside. Separate the egg yolks from the white and keep the yolks in a separate bowl while you whisk the egg whites into soft peaks. Then fold the yolks into the mixture.

Heat the butter in a small frying pan and add the eggs. Cook the omelette until the eggs have set. It should be light and fluffy. Serve open on a plate, add the fruit and fold over. Serve and eat straight away. It's a lovely twist on a savoury omelette and a real family favourite.

SPINACH & APPLE SMOOTHIE

Ingredients

½ carrot
½ apple
½ cucumber
Handful of kale or spinach or rocket
1 tablespoon sunflower seeds
2 teaspoons sesame seeds

Serves 1

Method

Place all the ingredients into a blender and around a cup of water. Blitz until smooth. You can add a little extra water if you don't want it too thick.

BLUEBERRY & COCONUT SMOOTHIE

Ingredients

175ml (6fl oz) coconut milk
½ cup blueberries
½ banana
2 tablespoons organic plain yogurt
1 tablespoon coconut oil

Serves 1

Method

Toss all the ingredients into a blender and blitz. Pour and enjoy!

SPINACH AND CUCUMBER SMOOTHIE

Ingredients

½ cucumber
2 stalks celery
1 cup spinach leaves
1 carrot

Serves 1

Method

Put all the ingredients into a blender with a cup of water, and blitz until smooth. You can add ice to some blenders which can make your drinks really refreshing.

ALMOND FLOUR PANCAKES

Ingredients

2 eggs
60ml (2fl oz or ¼ cup) water
125g (4½ oz) almond flour
1 teaspoon baking powder
2 teaspoons coconut oil
Pinch of cinnamon

Serves 1-2

Method

Put the eggs in a bowl, whisk them and set aside. Combine the dry ingredients in a separate bowl and stir in the beaten eggs. Add water and mix until you have a smooth batter. Heat a little coconut oil in a frying pan. Pour a small amount of mixture into the pan to make small pancakes. Cook the pancakes until golden brown. Serve with a sprinkle of cinnamon.

COCONUT PANCAKES & BLUEBERRY COMPOTE

Ingredients

For the pancakes:

3 eggs
90g (3½ oz or 1 cup) oats
2 tablespoons desiccated (shredded) coconut
1 tablespoon chia seeds
120ml (4fl oz or ½ cup) coconut milk
1 teaspoon vanilla extract
1 banana, mashed
1 teaspoon coconut oil

For the compote

60ml (2fl oz or ¼ cup) coconut milk
1 tablespoon chia seeds
75g (½ cup) blueberries

Serves 2

Method

Hold back the banana but combine all the other pancake ingredients in a mixing bowl. Rest the mixture for 10 minutes to allow thicken. Add the mashed banana and mix thoroughly. Heat the coconut oil in a frying pan. Spoon the pancake mixture into the pan and reduce the heat. Flip the pancakes over and cook until golden.

Add the chia seeds to the coconut milk and set aside. Warm the blueberries in a pan and crush them with a fork. Add the blueberries to the coconut milk and stir. Serve the pancakes with the blueberry compote.

HIGH PROTEIN COCONUT & ALMOND PANCAKES

Ingredients

2 eggs
50g (2oz or ½ cup) almond flour
50g (2oz or ½ cup) rice flour
1 tablespoon desiccated (shredded) coconut
1 teaspoon coconut oil
1 teaspoon baking powder

Serves 1

Method

Whisk the eggs and set aside. Add the dry ingredients to a large bowl. Stir the whisked eggs into the dry ingredients, mixing until the batter is smooth. Heat a teaspoon of coconut oil in a frying pan. Spoon some of the mixture into the pan. Smaller pancakes work best, as being a gluten free recipe, the pancakes are very soft and light. When bubbles appear, turn them over to finish cooking.

PANCAKE TOPPERS

To keep variety in your diet, try one of the options below or experiment to find your favourite.

Banana & orange

Raspberry & Blueberry
Blackberry & apple

To make the pancake toppers, simply blitz a small portion of your ingredients in a blender and pour over your pancakes. You can add a pinch of cinnamon or a squeeze of lemon juice for extra zing.

LUNCH

It can be difficult to have the time, or sometimes even the inclination to come up with something tasty and healthy for lunch, and grabbing a quick snack (eaten quickly, so mentally it doesn't really count!) is often the simplest thing to do. But don't forget, if you're short of time and imagination is lacking, by using your refrigerated leftovers you can come up with mouth watering meals you wouldn't have otherwise put together. Keep all leftovers from the night before, or even freeze them. Often throwing them into a frying pan, warming through and perhaps adding a topping of cheese or an egg can provide you with a stable and nutritious meal.

Glass mason jars with a sealed lid, are a great way of storing, and carrying salads. They are an excellent way to put together a quick, healthy meal that's easy to carry (see recipe). It takes very little preparation and they are colourful and appetising. Remember to have some protein with every meal to make sure you don't get hungry and balance your blood sugar.

BROCCOLI & FENNEL SOUP

Ingredients

2 heads of broccoli, chopped
1 fennel bulb
1 tablespoon of fresh tarragon
2 tablespoons crème fraiche (optional)
Freshly ground black pepper, to season

Serves 4-6

Method

Place the broccoli and fennel in enough water to cover them and bring to the boil. Simmer for 7 minutes until they are soft but tender. Add the fresh tarragon, transfer to a food processor and blend until smooth. Add the crème fraiche and stir. Serve into bowls and eat immediately. As a variation, you could substitute the tarragon for dill, coriander (cilantro) or parsley.

CHICKEN SOUP

Ingredients

225g (8oz) chicken, cut into small cubes
1 litre (1½ pints) chicken stock
1 courgette (zucchini), finely chopped
1 carrot, chopped
1 stick of celery, chopped
2 stalks of asparagus, chopped
½ teaspoon lemon juice
1 tablespoons olive oil
Sea salt
Freshly ground black pepper

Serves 4

Method

Heat the olive oil in a frying pan. Add the chicken and cook for 10 minutes. Place the chicken, stock and lemon juice into a large saucepan. Cook for 5 minutes. Add the courgette (zucchini), carrot, celery and asparagus. Continue cooking for around 20 minutes, until the vegetables are soft. Season the soup with salt and pepper. Serve and eat immediately.

BUTTERNUT SQUASH & GINGER SOUP

Ingredients

1 medium onion, chopped
1 butternut squash, peeled, de-seeded and chopped
1 litre (1½ pts) of vegetable stock
4cm fresh root ginger, chopped
120ml (4fl oz or ½ cup) coconut milk
1 tablespoon olive oil

Serves 4

Method

In a large saucepan, heat the olive oil and add the onion. Cook for 4 minutes, until the onion begins to soften. Add the squash, ginger and vegetable stock and bring to the boil. Reduce the heat and cook for 15 minutes, until the squash is soft. Pour the soup into a blender and blitz until smooth. Stir in the coconut milk. Return to the heat and warm through then serve.

LETTUCE & BASIL SOUP

150g (5oz or 1 cup) potato, peel and diced
1 large onion, peel and thinly sliced
2 teaspoons olive oil
2 small round lettuce or 1 iceberg lettuce, shredded
2 tablespoons fresh basil, chopped
3 tablespoons crème fraiche
600ml (1pt) vegetable stock

Serves 4

Method

Place the oil, potato and onion in a saucepan and stir. Cover and cook on a medium heat for 8 minutes. Add the stock and bring to the boil. Season with pepper then reduce the heat and simmer for 5 minutes. Add the lettuce and simmer for another 7 minutes. Add the basil and blend the soup until smooth. Add the crème fraiche and stir. Season, sprinkle with fresh basil and serve.

KALE & BUTTERBEAN SOUP

Ingredients

1 teaspoon olive oil
1 onion, peeled and finely chopped
1 stick celery, finely chopped
1 carrot, peeled and diced
475 ml (1pt or 2 cups) vegetable stock
150g (5oz or 1 cup) butter beans
150g (5oz or 1 cup) curly kale
½ teaspoon tomato puree (paste)
½ teaspoon oregano
1 clove garlic, crushed
Salt
Freshly ground black pepper

Serves 4

Method

Heat the olive oil in a large saucepan and add the garlic, together with all of the vegetables, apart from the kale. Stir for 2 to 3 minutes on a medium heat. Add the vegetable stock and bring to the boil. Reduce the heat and cook for 15 minutes. In a food processor, blend half of the butter beans and add them to the soup. Add the kale, the remaining butter beans, tomato puree and oregano. Stir and cook for 10 minutes. Season and serve into bowls. If you prefer your soup smooth, pour it into a food processor and blend until smooth.

MOZZARELLA, TOMATO & BASIL CAPRESE

Ingredients

4 large tomatoes
110g (4oz) mozzarella cheese
2 teaspoons olive oil
1 tablespoon basil pesto
A handful of fresh basil leaves
Freshly ground black pepper

Serves 4

Method

Cut the tomatoes and mozzarella into slices, around 1cm thick. Lay them out on a flat plate in a circle, alternating between slices of tomato and mozzarella. Season a little black pepper. Drizzle the basil pesto over the tomatoes and mozzarella. In the centre of the plate, place the fresh basil leaves and sprinkle with olive oil. Serve and eat immediately.

SMOKED MACKEREL PATE

Ingredients

2 smoked mackerel fillets, skin removed
4 tablespoons crème fraiche
1 tablespoon mayonnaise
½ teaspoon fresh dill, finely chopped
Squeeze lemon juice
Sea salt
Freshly ground black pepper

Serves 2

Method

Place the mackerel fillets in a bowl and mash with a fork. Add the crème fraiche, mayonnaise, dill and mix together. Add a squeeze of lemon juice, with salt and pepper to season. Spoon into 2 small bowls or ramekin dishes and serve.

VEGETABLE SUSHI ROLLS

8 Nori sheets
150g (5 oz or 1 cup) grated carrots
150g (5oz or 1 cup) red pepper, finely chopped
150g (5oz or 1 cup) cucumber, finely chopped
150g (5oz or 1 cup) alfalfa sprouts
150g (5oz or 1 cup) brown rice
1 ripe avocado, chopped
2 teaspoons fresh dill or chives, chopped
Tahini or hummus

Serves 4

Method

Lay out the nori sheets (shiny side down). Spread the tahini or hummus onto the nori sheets. Across the middle of the sheet, make a row of rice. Leave one inch of the nori sheet uncovered to seal the sushi roll. Add carrots, red pepper, cucumber, alfalfa and avocado. Top with a sprinkling of dill or chives. Season with salt and pepper. Tightly roll the nori sheet from the bottom to make a firm sushi roll. Cut into 1 inch pieces and serve. As a variation, try spreading the sushi with guacamole instead of tahini or hummus.

CRAB OMELETTE

Ingredients

1 green chilli, seeds removed
110g (4oz or 1 cup) fresh crabmeat, cooked
2 teaspoons ginger root, finely chopped
6 spring onions, (scallions) thinly sliced
1 cup mange tout (snow peas), trimmed
4 eggs
2 teaspoons soy sauce
1 teaspoon fish sauce
1 teaspoon olive oil

Serves 2

Method

Finely chop half of the chilli and place in a bowl with the crab, ginger and half the spring onion. Stir and set aside. Chop the remaining chilli. Place in a separate bowl with the mange tout (snow peas) and the remaining half of the spring onion (scallion). Set aside. Lightly beat the eggs, and add the soy and fish sauce. In a frying pan, heat the olive oil and pour in the egg mixture to make a flat unbroken omelette shape. Once the egg is set, transfer it to a plate. Then down the centre of the omelette, spoon the crab mixture. Roll up and slice in half. Serve topped with the mange tout and spring onions.

HALLOUMI & PANCETTA ROLLS

Ingredients

10 slices of pancetta (or bacon rashers)
250g (9oz) halloumi cheese
1 tablespoon chives, chopped

Makes 20 rolls

Method

Heat the oven to 200C/400F. Cut the halloumi into 20 equal sized sticks. Sprinkle each stick with chives. Cut the slices of pancetta in half then wind a piece around each stick of halloumi to make a tight roll. Arrange on a baking sheet. Place the rolls in the oven for 10-12 minutes or until the pancetta is starting to become crispy.

SMOKED SALMON WHIRLS

Ingredients

6 slices of smoked salmon
200g (7oz) soft cream cheese
¼ teaspoon cayenne pepper
Freshly ground black pepper
1 lemon, cut into wedges

Serves 4

Method

Cut the salmon slices in half, lengthways. Combine the cheese, cayenne pepper and black pepper. Evenly spread the cheese mixture over the salmon. Roll up the salmon, tightly. Chill in the fridge until ready to serve. Remove the salmon rolls from the fridge, cut into slices and garnish with wedges of lemon.

TABBOULEH

Ingredients

120g (4oz or 2/3 cup) quinoa, cooked
1 tomato, diced
1 cucumber, peeled and diced
75g (3oz or ½ cup) spring onions (scallions), chopped
4 tablespoons fresh mint, chopped
4 tablespoons fresh parsley, chopped
1 tablespoon olive oil
Juice of 1 lemon
Sea salt
Freshly ground black pepper

Serves 4

Method

Combine all the ingredients in a large bowl and mix well. Cover and place in the fridge for 20 minutes to chill or until you are ready to serve.

CAULIFLOWER CHEESE WITH HAZELNUTS

Ingredients

1 tablespoon butter
40g (1½ oz or ¼ cup) finely chopped hazelnuts
1 clove garlic, chopped
50g (2oz or ½ cup) grated Cheddar cheese
2 tablespoons parsley
1 cauliflower, cut into florets

Serves 4

Method

Heat the butter in a frying pan. Add the hazelnuts and cook for one minute until lightly toasted. Add the garlic and cook for one more minute. Remove from the heat and place in a bowl to cool. Break the cauliflower into florets and steam until tender and crisp. Place in an oven proof dish. Add the cheese and parsley to the hazelnut mixture. Cover the steamed cauliflower with the cheese and hazelnut mixture. Place under a hot grill for a few minutes until the cheese begins to bubble. Alternatively you can place in the oven to cook the cheese and keep hot until ready to serve.

QUICK CURRIED PRAWNS

Ingredients

24 large, prawns (shrimps), raw and peeled
2 teaspoons curry powder
2 cloves of crushed garlic
60g (2oz or ½ stick) butter for frying

Serves 6

Method

Melt the butter in a frying pan over a low heat. Quickly stir in the curry powder and garlic. Add the prawns. Cook for 3 to 5 minutes on each side, or until the prawns are completely pink and cooked thoroughly. Transfer them to a serving dish and pour the curry butter over them.

SMOKED MACKEREL AND BUTTERBEAN SALAD

Ingredients

1 tin of drained butterbeans
400g (14oz) trimmed green beans
1 small bunch of spring onions (scallions), chopped
2 smoked mackerel fillets, skin removed
Lemon juice
Freshly ground black pepper

Serves 2

Method

Slice the runner beans and steam them for 5 minutes, or until they soften but maintain their crunch. Mix the green beans in a bowl with the butterbeans and add the chopped spring onions. Chop the 2 mackerel fillets into small pieces, and mix it all together. Season with lemon juice and serve.

WINTER SALAD WITH MACADAMIA NUTS

Ingredients

For the dressing:

2 teaspoons olive oil
30ml (1fl oz or 1/8 cup) apple cider vinegar
1½ tablespoons thyme, finely chopped
½ teaspoon mustard
Freshly ground black pepper

For the salad:

1 tablespoon olive oil
80g (3oz or ½ cup) green beans
125g (4½ oz or 2/3 cup) broccoli, chopped
75g (3oz or ½ cup) green pepper (Bell pepper), deseeded and sliced
75g (3oz or ½ cup) mange tout (snow peas)
2 tomatoes, quartered and deseeded
2 spring onions (scallions), chopped
3 tablespoons roasted macadamia nuts, chopped

Serves 2

Method

For the dressing, combine the olive oil, vinegar, thyme and mustard in a bowl and mix well. Season with black pepper. Heat a tablespoon of olive oil in a frying pan. Add the green beans, broccoli, mange tout (snow peas) and green pepper. Stir and cook for 3 minutes. Add the tomatoes and spring onions (scallions) and heat through. Add the dressing, and coat all the vegetables. Serve into bowls and sprinkle with macadamia nuts.

QUINOA & FRESH HERB PATTIES

Ingredients

90g (3½oz or ½ cup) quinoa, cooked
2 eggs
2 tablespoons spring onions (scallions), chopped
2 tablespoons chopped mint
2 tablespoons chopped parsley
45g (2oz or ½ cup) grated Gruyere cheese
30g (1oz or ½ cup) fresh whole-wheat breadcrumbs
¼ teaspoon sea salt
2 teaspoons olive oil

Serves 2

Method

Place the eggs in a large bowl and whisk. Add onion, mint, parsley, cheese, breadcrumbs and salt. Mix well. Add the cooked quinoa and combine with the other ingredients. Heat 2 teaspoons of olive oil in a large frying pan. With clean hands, form 8 patties. Place them in the pan and cook for about 3 minutes on each side or until golden brown.

SALAD JARS

Use a glass Mason jar as a container for your favourite salad using fresh ingredients and they will keep for days. You can make them in advance at the start of the week and store them in the fridge, ready to go. These handy jars keep it fresh and transportable. Follow this principle; heavier ingredients and salad dressing goes on the bottom, the middle layers will act as a buffer and protect your lighter, delicate food such as lettuce, spinach and kale on top. Create your own combination. Mix and match these ideas and layer them up.

1 - THE BOTTOM LAYER

Basic or herb vinaigrette, garlic, basil, ginger, walnut oil, sesame oil, chilli flakes, soy sauce, olive oil, vinegar, Caesar dressing, guacamole, hummus. Mixed bean salad mix, like butterbeans, kidney beans, black eyed peas or chickpeas.

2 - THE MIDDLE LAYER

Tomatoes, grated carrots, chopped celery, spring onions, peppers, olives, bean sprouts, courgette (zucchini), radish, coleslaw, pickles, broccoli, avocado, mushrooms, rice, couscous, quinoa. Chicken, tuna, turkey, steak, mackerel, ham, crispy bacon, prawns, mozzarella, feta cheese, walnuts, sunflower seeds, cashew nuts and eggs

3 - THE TOP LAYER

Baby spinach, kale or lettuce. Fresh herbs like coriander, parsley and basil.

TACO SALAD

Use what you might want in a taco, kidney beans, chilli flakes, olive oil. Add guacamole to it. Layer tomatoes, mushrooms peppers, onions, steak or chicken. Top it off with grated cheese and lettuce.

GREEK SALAD

Start with basic vinaigrette. Layer with cucumber, tomatoes, onions, black olives, avocado. Add feta cheese cut into small cubes. Top it off with baby spinach or lettuce.

ITALIAN SALAD

Add basil vinaigrette to the bottom with a layer of butter beans. Add a layer containing olives, tomatoes, carrots, peppers, celery, onion, cucumber. Next add sliced mozzarella or cooked chicken or ham. Finish with a layer of romaine lettuce. (Avoid using sun-dried tomatoes in this one, they are much higher in sugar than fresh ones.)

SUGAR-FREE BAKED BEANS

Ingredients

2 x 400g tins of cannellini beans, rinsed and drained
1 x 400g tin of chopped tomatoes
1 onion, peeled and very finely chopped
1 clove garlic, crushed
1 teaspoon smoked paprika
1 large sprig rosemary
½ teaspoon cinnamon
¼ teaspoon nutmeg (optional)
1 tablespoon olive oil
Splash of Worcestershire sauce

Serves 4

Method

Heat the oil in a frying pan and add the onion, garlic and rosemary. Fry for 4 or 5 minutes, until the onion is soft. Add the smoked paprika, cinnamon and nutmeg (if desired) and stir. Add the cannellini beans and tomatoes. Reduce the heat and simmer for around 20 minutes. You may need to add a little water. Add a splash of Worcestershire sauce and season with salt and pepper. Simmer for another few minutes to reduce down. Remove the rosemary sprig and serve.

POTATO SKINS

Ingredients

4 large potatoes
2 tablespoons olive oil
2 teaspoons paprika
125g (4oz) pancetta, chopped
5 tablespoons crème fraiche
125g (4oz) Cheddar cheese
1 tablespoon parsley, freshly chopped

Serves 4

Method

Preheat the oven to 200C/400F. Prick potatoes with a fork and place them on the top shelf of the oven. Bake for 1 hour or until soft right through. Leave the potatoes to cool. Cut in half and scoop the flesh into a bowl and set aside. Combine the oil and paprika and use some of it to brush the outside of the potato skins. Place under a hot grill for 5 minutes, until crisp, turning occasionally. Heat the remaining oil and paprika and fry the pancetta until it's crispy. Add this to the potato flesh, along with the crème fraiche, cheese and parsley. Mix well. Fill the potato skins with the mixture. Place the skins in the oven for a further 15 minutes, making sure they are heated thoroughly.

QUINOA, FETA & BROCCOLI SALAD

Ingredients

300g (11oz) quinoa, cooked
200g (7oz) broccoli
200g (7oz) feta cheese, crumbled
3 tablespoons pumpkin seeds
2 tablespoons fresh mint leaves, roughly chopped
2 tablespoons parsley, roughly chopped
3-4 tomatoes, chopped
1 bunch spring onions (scallions), finely chopped
3 tablespoons olive oil
3 tablespoons lemon juice

Serves 4

Method

Cut the broccoli into small bite-size pieces. Add them to a steamer and cook for 5 minutes then allow to cool. In a small frying pan, lightly toast the pumpkin seeds until they're slightly crunchy. Remove from the pan and leave to cool. Put the quinoa and broccoli in a bowl and add the feta, herbs, tomato, spring onions, pumpkin seeds, olive oil and lemon juice. Toss together until everything is mixed. Season to taste and either serve straight away or store in the fridge.

AVOCADO & BLACK EYED PEA SALAD

Ingredients

1 tablespoon lime juice
1½ tablespoons olive oil
425g (15 oz) black eyed peas, drained
2 avocados, halved with stone removed
½ red pepper, finely chopped
1 garlic clove, minced
1/8 tsp ground paprika
1 teaspoon chopped coriander (cilantro)
Sea salt
Freshly ground black pepper

Serves 4

Method

To make the dressing, put the lime juice in a large bowl and whisk in the olive oil. Stir in the peas, red pepper, coriander (cilantro), garlic, paprika, salt and black pepper. Mix together until everything is coated with the dressing. Place the avocado halves on 4 plates. Spoon the mixture over the avocado and serve.

FETA & COURGETTE CAKES

Ingredients

1 courgette (zucchini)
120g (4oz or 1 cup) butter beans, rinsed
50g (2oz or 1cup) feta cheese, crumbled
1 handful fresh basil, chopped
1 spring onion (scallion), finely chopped
2 teaspoons groundnut oil

Serves 2

Method

Grate the courgette, then using a tea towel, or your hand, squeeze all the liquid from it. In a large bowl, mash the butterbeans, basil, spring onion, courgette and feta. Combine them together well. Divide the mixture and using your hand, mould it into little patties. Place in the fridge for 10 minutes to firm up. Coat a frying pan with oil and cook the patties on either side for around a minute. Remove them to a baking sheet and bake in the oven for 10 minutes 220C/425F. Serve with a green salad and hummus dip.

DINNER

Most of us find it easier to put together a healthy meal when we have the time but what can make life a lot easier is making too much; leftovers are a good thing. A quick warm up meal the next day or stored in the freezer can be invaluable for throwing together a quick meal, by stirring up leftover meat and veggies in a pan with beaten eggs and making a scramble can be really satisfying.

For all the recipes in this book, avoid fat-free alternatives in yogurt, coconut milk and always use butter instead of margarine. Many of the recipes are low in carbohydrate. To keep your carbohydrate intake down, we've substituted some mashed potatoes for vegetable alternatives like celeriac or sweet potato mash. A lower carbohydrate intake will help reduce cravings for stodgy food and sugar, not to mention boost your vitality and help trim down your waistline. If you want to take it a step further, you can replace the carbohydrate part of your meals with heaps of veggies instead – it won't leave you feeling sluggish.

CHICKEN & CHORIZO CHILLI

Ingredients

1 tablespoon olive oil
1 large onion, finely chopped
2 teaspoons chilli power
2 teaspoons cumin
2 x 400g (2 x 14oz) cans of peeled plum tomatoes
475ml (1 pint) chicken stock
225g (8oz) chorizo, diced
4 chicken breasts, sliced
1 red pepper, finely chopped
300g (11oz) can of kidney beans

Serves 4-6

Method

Warm the oil in a frying pan, add the onion and cook until soft. Add the chilli, cumin and stir. Pour in the tomatoes. Add the stock and bring to the boil. Add the red pepper, chorizo and sliced chicken breasts. Stir and cover. Reduce the heat and simmer for around 15 minutes. Add the kidney beans and simmer for a further 20 minutes. Instead of serving with rice, you could go for a low carb option and spoon the chicken chilli into iceberg or romaine lettuce leaves to wrap around. Add guacamole and cheese, for a real mouth watering meal which won't leave you feeling heavy.

SAUSAGE & BUTTERNUT SQUASH MASH

Ingredients

1 butternut squash, peeled and chopped
2 sweet potatoes, peeled and chopped.
8 top-quality sausages
2 apples, cored, peeled and cut into wedges
¼ teaspoon ground cinnamon
2 teaspoons butter
2 tablespoons wholegrain mustard
½ teaspoon ground nutmeg

Serves 4

Method

Coat the sausages with mustard and place them on a baking tray. Sprinkle the apple wedges with cinnamon and add them to the baking tray. Bake in the oven on 200C/400F for 20 to 25 minutes. Meanwhile, add the squash and sweet potatoes to a pan of boiling water. Bring to the boil then reduce the heat. Simmer for around 14 minutes or until tender. Drain the squash and sweet potato, add the butter and ground nutmeg then mash together until soft and smooth. Serve the mash onto plates and add the sausages, apple and cooking juices.

PORK CHOPS IN PEPPER CREAM SAUCE

Ingredients

1 teaspoon coarsely ground black pepper
½ teaspoon sea salt
4 boneless pork chops
2 tablespoons olive oil
1 medium shallot, finely chopped
180ml (6fl oz or ¾ cup) double cream (heavy cream)

Serves 4

Method

Sprinkle the chops with ¼ teaspoon black pepper and ¼ teaspoon salt and pat onto both sides of each pork chop. Heat the oil in a large frying pan over a medium-high heat. Add the chops, reduce the heat and fry for 3 or 4 minutes per side, or until cooked through. Transfer the chops to a plate and cover with foil to keep them warm. Reduce the heat of the frying pan and add the shallot to the pan. Cook for 1 minute, until soft. Pour in the cream and the remaining ¼ teaspoon salt and ¾ teaspoon black pepper and stir until warmed through. Serve the pork chops with the pepper sauce. It goes really well with celeriac mash on the side.

THAI GREEN CHICKEN CURRY

Ingredients

4 chicken breasts, cut into strips
50g (2oz) green beans, sliced lengthways
4 tablespoons chopped coriander (cilantro)
2 stalks of lemon grass (inner stalks), chopped finely
400ml coconut milk
2 green chillies, chopped and de-seeded
2 tablespoons Thai green curry paste
1 teaspoon coconut oil
4 tablespoons basil leaves, torn,
1 tablespoon fish sauce
Juice of 1 lime

Serves 4

Method

Heat the coconut oil in a pan and add the green curry paste. Cook for 2-3 minutes. Add the coconut milk and lemongrass and simmer for 5 minutes. Add the chicken, coriander, green beans, and chillies. Bring to the boil and simmer for 15 minutes, uncovered. Add a little boiling water if it seems to be getting dry. Stir in the fish sauce, basil and add the lime juice. Serve with brown rice.

BACON & BROCCOLI HASH

Ingredients

750g (1lb 11oz) sweet potato, peeled and cut into small cubes
200g (7oz) broccoli, cut into small florets
1 tablespoon olive oil
6 slices of bacon, chopped
1 small onion, thinly sliced

Serves 4

Method

In a steamer, cook the sweet potato for 10 minutes. Add the broccoli and cook for another 4 minutes. Heat the oil in a frying pan. Add the bacon and onion. Fry until the bacon is cooked thoroughly and the onion is soft. Add the broccoli and sweet potato to the pan and stir. Cook for around 10 minutes, stirring to dislodge the lovely crispy crust from the bottom.

BARBECUE 'BUFFALO' CHICKEN WINGS

Ingredients

18 chicken wings

Barbecue sauce

1 teaspoon cumin
2 teaspoons paprika
½ teaspoon cayenne pepper (1 tsp if you like it hot)
1 teaspoon garlic salt
1 teaspoon onion powder
2 tablespoons apple cider vinegar
1 teaspoon pepper
1 teaspoon mustard
½ teaspoon stevia (optional)
2 tablespoons olive oil

Makes 18 pieces

Method

Preheat the oven to 200C/400F. In a bowl, mix together all the barbecue sauce ingredients and stir really well. Dip the chicken wings in the sauce and place them on a large baking sheet. Place in the oven for 30 minutes, until the chicken wings are cooked through and well browned. Transfer to a serving plate and enjoy.

CHILLI & LIME TURKEY STRIPS

Ingredients

1lb (500g) turkey
2 tablespoons coconut oil
1 ½ teaspoons chilli powder
2 cloves of garlic, crushed
Juice of 1 lime

Serves 4-6

Method

Slice the turkey into small strips. Heat the coconut oil in a frying pan over a medium heat and add the turkey. Stir-fry the strips for 2 to 3 minutes, then add the chilli powder, garlic and lime juice. Continue stirring for another 6 or 7 minutes or until cooked thoroughly. These are a great, versatile and tasty addition to many dishes. You can add them to salads, rice, stir fries and wraps. They can also be a handy high protein snack for lunch on the go.

CELERIAC MASH

Ingredients

1 celeriac
25g (1oz) butter
Salt & pepper

Serves 4

Method

Peel the celeriac then chop into chunks. Place in a saucepan of cold water. Bring to the boil and simmer for 20 minutes. Drain the celeriac and mash with the butter. Season with salt and pepper.

SWEET POTATO MASH WITH GINGER & NUTMEG

Ingredients

700g (1lb 9oz) sweet potato, peeled and chopped
1 teaspoon ground ginger
½ teaspoon nutmeg
½ teaspoon garlic powder
2 teaspoons butter
Sea salt
Pepper

Serves 4-6

Method

Place the sweet potatoes in a saucepan, bring to the boil and simmer for 10 to 12 minutes, until soft. Drain the sweet potatoes but leave them in the saucepan. Add the ginger, nutmeg, garlic and butter to the sweet potatoes and mash them until they become smooth. Season and serve.

CHICKEN CASSEROLE

Ingredients

4 large chicken legs (including thigh portion)
475ml (1 pint) chicken or vegetable stock
4 stalks of celery
2 carrots
1 small onion
2 sage leaves
1 large sprig rosemary
2 tablespoons olive oil
Freshly ground black pepper
1 bay leaf

Serves 4

Method

Preheat the oven to 170C/325F. Season the chicken pieces with black pepper and place in an oven-proof casserole dish. Roughly chop the carrots, celery and onion and add to the casserole dish. Now add the stock to the chicken and vegetables. Using kitchen string, tie together the sage, rosemary and bay leaves and add to the pot. Cover and place in the oven for 1 hour. Check to make sure the chicken is cooked thoroughly. Remember to remove the bunch of herbs before serving.

SALMON & DILL BURGERS

Ingredients

600g (1 ½lb) boneless salmon fillet
50g (2oz or ½ cup) fresh dill
1 garlic clove
1 egg
1 spring onion

Serves 4 to 6

Method

Place the salmon in a food processor with the spring onion, dill and garlic. Blend it until smooth. Place the mixture in a medium bowl and combine with the egg. Using your hands, shape the mixture into patties. Place under a grill for 15 minutes, turning once halfway through.

SALMON & COD KEBABS WITH CORIANDER PESTO

Ingredients

350g (12oz) piece of cod
350g (12oz) salmon steak
Juice of 1 lime
Freshly ground black pepper to season
Coriander pesto (cilantro pesto)

Serves 4

Method

Remove skin and all bones from both fish. Cut each of them into chunks and place in a bowl. Cover with the lime juice and black pepper. Once the fish is coated, slide alternating pieces of salmon and cod onto metal or wooden skewers. Place the kebabs under a hot grill (broiler) – and cook for 2 to 3 minutes on each side, until cooked through. Serve with coriander pesto (cilantro pesto). See the pesto recipe in the sauces and dips section.

SEA BASS GREMOLATA

Ingredients

4 large sea bass fillets
1 lemon
1 handful flat-leaf parsley
2 cloves of garlic
3 tablespoons butter
4 handfuls of rocket (arugula)

Serves 4

Method

Wash the lemon and finely grate the peel to make zest. Chop the parsley and crush the garlic. In a bowl combine the juice and zest from the lemon, parsley and garlic to make the gremolata. Coat the fish fillets. Heat the butter in a frying pan. Add the fish and cook for 3-4 minutes on each side. Spread the gremolata onto the fish, cover the pan with a lid and cook on a low heat for 2 minutes. Serve on a bed of rocket (arugula) and eat immediately.

PARMA HAM & TURKEY ROLL

Ingredients

4 turkey escallops
2 garlic cloves, chopped finely
Juice and grated rind of a lemon
4 slices of Parma ham (alternatively use any ham or bacon)
2 tablespoons chopped fresh basil or chives
2 tablespoons olive oil
Salt and pepper

Serves 4

Method

Halve each turkey escalope horizontally and open it out. Season the inside of the turkey with salt and pepper, then sprinkle with garlic, lemon juice, lemon rind and chopped herbs. Put the two pieces back together again. Wrap the turkey in a slice of ham and hold it together with wooden cocktail sticks. Heat the olive oil in a frying pan. Add the turkey rolls and cook for 4-5 minutes until they are golden brown. Turn over, and coat with any remaining lemon juice. Cook for another 3-4 minutes until cooked through then serve.

TURKEY BURGERS

Ingredients

1lb (500g) minced turkey
1 small onion, finely chopped
½ teaspoon Tabasco sauce
1 teaspoon dried thyme
1 beaten egg
1 tablespoon olive oil

Serves 4

Method

Add all the ingredients to a bowl, stir and combine. Divide the mixture into 8. Mould into patty shapes and flatten. In a large frying pan, heat the olive oil. Add the burgers and cook for 4-5 minutes on each side until cooked through and golden.

PAPRIKA & GARLIC OVEN ROAST CHICKEN

Ingredients

1 large whole chicken
1 tablespoon olive oil
1 teaspoon paprika
1 teaspoon garlic salt
Freshly ground black pepper
Sea salt

Serves 4 -6

Method

Preheat your oven to 220C/425F. Place the olive oil, paprika and garlic into a small bowl and stir. Place the chicken in an oven-proof dish. Rub the mixture over the whole chicken, making sure it's completely covered. Sprinkle with salt and freshly ground black pepper. Place in the oven and cook for around 1 hour 15 minutes or until the chicken juices run clear. Remove from the oven, cover with foil and allow it to stand for a few minutes before serving.

CORIANDER & LIME CHICKEN SKEWERS

Ingredients

2 tablespoons olive oil
60ml (2fl oz or ¼ cup) soy sauce
½ teaspoon Tabasco sauce
2 cloves garlic, minced
3 tablespoons chopped fresh coriander (cilantro)
2 small limes, juiced
4 chicken breasts, cubed
1 red pepper (Bell pepper), sliced
1 onion, cut into eighths

Serves 4

Method

In a large bowl, mix together the olive oil, soy sauce, Tabasco, garlic, coriander and lime. Add the chicken and stir. Place in the refrigerator for 2 hours. When you're ready, thread alternating pieces of chicken, peppers, and onion onto skewers. Place under a hot grill (broiler) until the chicken is fully cooked, about 10 to 15 minutes.

THYME & LEMON CHICKEN

Ingredients

900g (2lb) chicken thighs
10 sprigs of fresh thyme
250ml (8fl oz or 1 cup) vegetable stock
4 lemons
Salt and pepper

Serves 6

Method

Preheat the oven to 180C/350F. Take the leaves from 5 of the sprigs of thyme and place them between the chicken skin and the meat. Place in an oven-proof dish and season with salt and pepper. Pour in the stock. Quarter the lemons and add them to the dish. Add the remaining thyme sprigs. Place the chicken in the oven and roast for 30 – 40 minutes, or until the chicken is cooked thoroughly.

PESTO PORK WITH MOZZARELLA & TOMATO

Ingredients

1 tablespoon pitted green olives
1 tablespoon pitted black olives
300g (11oz) mozzarella cheese
2 tomatoes
4 pork boneless cutlets
5 tablespoons olive oil
4 tablespoons basil pesto
Fresh basil leaves
Freshly ground black pepper

Serves 4

Method

Preheat the oven to 200C/400F. Slice the tomatoes and olives then set aside. Drain and slice the mozzarella and set aside. Heat 1 tablespoon of olive oil in a frying pan and sear the cutlets for around 30 seconds on either side. Put the remaining oil in an oven-proof dish and add the pork cutlets. Spread a teaspoon of pesto onto each cutlet. Sprinkle them with sliced olives. Add the sliced tomatoes and mozzarella. Bake for 12-15 minutes. Serve and garnish with a few basil leaves.

MEDITERRANEAN HERB QUINOA

Ingredients

200g (7oz) quinoa, cooked
2 cloves garlic, crushed
60ml (2fl oz or ¼ cup) olive oil
Juice of 2 lemons
¼ teaspoon sea salt
¼ teaspoon freshly ground black pepper
6 spring onions, (scallions), finely chopped
8 cherry tomatoes, quartered
½ cucumber, cubed
2 tablespoons fresh mint, finely chopped
2 tablespoons fresh coriander, (cilantro), finely chopped
1 handful fresh parsley, finely chopped
1 handful rocket (arugula), finely chopped
8 pitted olives, finely chopped
25g (1oz or ¼ cup) crumbled feta cheese

Serves 2

Method

In a large bowl, mix together the garlic, olive oil, lemon juice, salt, and pepper. Add the quinoa, spring onions, tomatoes, cucumber, olives, rocket, herbs, and feta cheese. Toss in the dressing until it's well combined. Chill in the fridge for at least 30 minutes before serving for the flavours to infuse.

SPICY LAMB STEW

Ingredients

700g (1½ lb) boneless lamb, cut into cubes
2 tablespoons coconut oil
1 large onion, chopped
2 cloves garlic, chopped
1 tablespoon fresh ginger, chopped finely
1 teaspoon cumin
1 teaspoon ground coriander (cilantro)
1 teaspoon ground cinnamon
¼ teaspoon chilli flakes (or more if required)
¼ teaspoon ground cloves
½ cup natural (unflavoured) yogurt
1 tomato, chopped
120 ml (4 fl oz or ½ cup) chicken or vegetable stock
4 tablespoons fresh coriander (cilantro)
Sea salt to season

Serves 4-6

Method

In a large saucepan, heat the coconut oil. Add the lamb in batches, browning on all sides. Reduce the heat and add in the onion, garlic, cumin, cinnamon, cloves, ginger, salt, chilli and coriander (cilantro). Cook for 2 minutes until the onion begins to soften. Add the yogurt. Stir for a minute or so, until thickened. Add the lamb, tomato and stock and bring to boil. Reduce heat and simmer for 45 minutes. Sprinkle with a little coriander or parsley and serve.

LAMB CURRY WITH CINNAMON & STAR ANISE

Ingredients

6 garlic cloves, crushed
4 tablespoons coconut oil
1 tablespoon freshly grated ginger, finely chopped
2.5cm (1 inch) cinnamon
2 bay leaves
800g (1lb 12oz) lamb shoulder, cut into cubes
2 onions,
2 star anise
2 teaspoons cumin
½ teaspoon cayenne pepper
1 tablespoon paprika
1 tablespoon tomato paste
180ml (6fl oz or ¾ cup) coconut milk
240ml (8fl oz or 1 cup) chicken or vegetable stock

Serves 6-8

Method

Heat half the coconut oil in a large frying pan and briefly sauté the garlic and ginger then add the cinnamon and bay leaves. Add the lamb and cook for 5 minutes, browning it on all sides. Place the meat in a bowl and set aside. Heat the remaining oil in the frying pan and add the onions, star anise, cumin, cayenne pepper, paprika and tomato paste. Cook for 2 minutes. Return the meat to the pan. Add the coconut milk and stock then bring to the boil. Reduce the heat and gently simmer for 1 hour, stirring occasionally. After 30 minutes, add a little water if necessary. When the meat is tender it's ready to serve.

MILDY SPICED CHICKEN SKEWERS

Ingredients

2 teaspoons turmeric
½ teaspoon chilli powder
4 tablespoons lemon juice
2 garlic clove, peeled and crushed
100ml (4fl oz or ½ cup) natural (unflavoured) yogurt
4 chicken breasts, cut into chunks

Serves 4

Method

In a large bowl, mix together the turmeric, chilli powder, lemon juice, garlic and yogurt. Add the chicken and coat thoroughly in the mixture. Thread the chicken pieces onto the skewers. Pour over some of the remaining yogurt mixture. Place under a hot grill (broiler) for 15 minutes, turning occasionally, until the chicken is fully cooked.

FRIED RICE & PORK

Ingredients

150g (5oz) pork cut into small cubes
2 eggs, beaten
225g (8oz) mushrooms, chopped
350g (12oz or 2 cups) rice, cooked
2 tablespoons soy sauce
2 spring onions (scallions)
3 teaspoons olive oil (or nut oil)
2 cloves garlic, crushed

Serves 2

Method

In a frying pan, heat a teaspoon olive oil, add the spring onions (scallions), and garlic and cook until they become soft. Transfer to a bowl and set aside. Heat a teaspoon of olive oil in the pan, and fry the eggs until they are firm. Place the eggs in a bowl and leave aside. Heat a teaspoon of olive oil in the frying pan then add the pork, soy sauce, mushrooms and rice. Heat thoroughly. Add the cooked spring onions, garlic and eggs. Combine and serve straight away.
Alternatively try using leftover meat from the fridge, like turkey, chicken or ham and some leftover vegetables too.

QUICK & EASY CHICKEN CURRY

Ingredients

1 onion, chopped
1 tablespoon coconut oil
4 teaspoons medium curry powder
1 teaspoon cumin
½ teaspoon ginger
1 bay leaf
2 chicken breasts, cut into slices
250ml (8fl oz or 1 cup) chicken stock
½ teaspoon salt
½ teaspoon pepper

Serves 2

Method

In a frying pan, sauté the onion in oil until it becomes soft. Add the cumin, curry, ginger and the bay leaf and cook for 5 minutes. Add the chicken stock, and chicken. Cook for 10-12 minutes. Season with salt and pepper, if required.

PARMESAN CHICKEN

Ingredients

6 chicken breasts
100g (3½ oz or 1 cup) grated Parmesan cheese
4 teaspoons garlic powder
1 teaspoon oregano
1 teaspoon paprika
1 teaspoon pepper
2 eggs
2 tablespoons butter

Serves 6

Method

In a bowl, combine the Parmesan cheese with the oregano, garlic, paprika and pepper. In a separate bowl, whisk the eggs. Dip the chicken breasts in the beaten egg, followed by a generous dip in the cheese and herb mixture, making sure you coat both sides really well. Melt the butter in a frying pan over a medium heat. Add the chicken breasts and cook for 4 or 5 minutes on each side, or until cooked through.

CAJUN SALMON

Ingredients

2 salmon fillets
1 teaspoon Cajun seasoning
2 cloves of garlic, crushed.
2 tablespoons butter

Serves 2

Method

The recipe for the seasoning is under the sauces and dips section. Sprinkle the skinless side of the salmon with the Cajun seasoning. Melt the butter in a frying pan over a medium heat, and add the salmon, skin side down. Cook for 4 to 5 minutes on each side, turning gently. Remove and place the salmon fillets onto a serving plate. Stir the garlic into the butter remaining in the pan. Cook for 2 minutes or so, then pour all the garlic butter over the salmon and serve.

THAI VEGETABLES

Ingredients

2 tablespoons coconut oil
1 onion, sliced
650g (1lb 7oz) mixed vegetables, celery, green beans, carrots, broccoli, chopped
2-3 teaspoons Thai red curry paste
350ml (12fl oz) boiling water
200ml (7fl oz) coconut milk
1 tablespoon fresh coriander leaves (cilantro), chopped
50g (2oz) chopped peanuts, to garnish

Serves 4 to 6

Method

Heat the coconut oil in a large pan. Add the onion and cook for 3-4 minutes. If you are using carrots, add them first and fry for 2 minutes. Add the remaining vegetables and cook for a further 2 minutes. Add the curry paste and the boiling water. Cover and simmer for 10 minutes until the vegetables are tender but firm. Stir in the coconut milk and add the coriander (cilantro). Heat through. Transfer to serving bowls and scatter with chopped peanuts.

CHICKEN & AVOCADO SALAD

Ingredients

1 cup black eyed peas
2 skinless cooked chicken breast, shredded
½ cucumber, peeled, deseeded and chopped
1 avocado, flesh scooped out
Dash of Tabasco sauce
Juice of ½ lemon
2 teaspoons olive oil
6 Little Gem lettuce leaves
1 teaspoon mixed seeds (sunflower, sesame or flaxseed)

Serves 2

Method

Rinse the black-eyed peas in cold water and drain. Put the chicken, peas and cucumber in a bowl. Place the avocado, Tabasco, lemon juice and olive oil in a food processor and blitz until smooth. Combine the avocado mixture with the chicken and black eyed peas. Spoon the mixture into the lettuce leaves. Sprinkle with the seeds. Chill and serve.

VEGETARIAN CHILLI

Ingredients

1 small onion, chopped finely
150g (5½ oz) kidney beans
2 cloves garlic, crushed
2 teaspoons olive oil
½ teaspoon ground cumin
125g (4½ oz) mushrooms, finely chopped
1 small aubergine, finely diced
1 tablespoon tomato paste
120ml (4fl oz or ½ cup) vegetable stock
1 teaspoon chilli powder (or 2 if you like it hot)
1 teaspoon dried mixed herbs

Serves 2

Method

In a large saucepan, heat the olive oil. Add the onion and garlic and soften slightly. Add the mushrooms, aubergines, tomato paste, vegetable stock, chilli, cumin and mixed herbs. Bring to the boil then simmer for 30 minutes, stirring occasionally. Add the kidney beans and cook for another 10 minutes. Serve with rice, or go carbohydrate free and scoop the chilli into lettuce leaves. Iceberg or romaine lettuce work best. It's even better topped with grated cheese and guacamole – you won't miss the carbs!

PORK CHOPS, MUSHROOMS & SOUR CREAM

Ingredients

6 pork chops
1 onion, sliced
200g mushrooms, sliced
475ml (1 pint or 2 cups) chicken stock
240ml (8fl oz or 1 cup) sour cream (or crème fraiche)
1 teaspoon olive oil
Garlic powder
Sea salt
Freshly ground black pepper

Serves 6

Method

Season pork chops with salt, pepper and garlic powder. In a frying pan, heat the olive oil and lightly brown the chops. Place them in a slow cooker and top with slices of mushroom and onion. Pour the chicken stock over the chops. Cover and cook on low for 7 to 8 hours. Season with salt and pepper. When you are ready to serve, pour the meat juices into a saucepan, add the sour cream and heat through, stirring continuously. Serve the chops and pour over the sauce.

CHILLI BEEF & BROCCOLI

Ingredients

1 tablespoon ground nut oil
100g (3 ½ oz or 3/4 cup) broccoli, broken into florets
300g (11 oz) beef, thinly sliced
5cm piece fresh ginger, peeled and finely chopped
2 cloves garlic, chopped
½ red chilli, deseeded and finely chopped
125ml (4fl oz or ½ cup) water
2 spring onions (scallions) finely chopped

Serves 2

Method

In a wok or pan warm the oil over a high heat. Put the broccoli, garlic, ginger and chilli into the pan. Stir and cook for 2 minutes. Add the sliced beef and water. Bring to the boil and keep on a high heat for 2 minutes. Add the spring onions and cook for another minute. Serve into bowls and eat immediately.

BRAISED BEEF & CHESTNUT MUSHROOMS

Ingredients

1.35kg (2lb) braising steak (chuck steak), thickly sliced
2 onions, thinly sliced
2 tablespoons dried porcini mushrooms
3 tablespoons olive oil
1 tablespoon plain (all purpose) flour
250g (9oz) chestnut mushrooms, halved
Sea salt
Freshly ground black pepper

Serves 8

Method

Pour 600ml boiling water over the dried mushrooms. Soak for 30 minutes, then drain, reserving the juices. Season the beef on both sides with salt and pepper. Heat 2 tablespoons of olive oil in a pan, then add the meat and cook until browned. Remove the meat from the pan and set aside. Add to the pan 1 tablespoon of olive oil, then add the onions and fry until softened. Return the meat to the pan, sprinkle in the flour and cook for 1 min. Place the onions and meat in an oven-proof casserole dish and add the mushroom liquid and soaked mushrooms. Season and cover. Cook in the oven for 1½-2 hours at 150C/300F until the meat is tender. After an hour, add the chestnut mushrooms and stir then leave to continue cooking. Serve with celeriac mash.

BLUE CHEESE BURGERS

Ingredients

40g (1½ oz) blue cheese
250g (9oz) lean minced beef (ground beef)
2 tablespoons fresh parsley, finely chopped
Freshly ground black pepper
1 tablespoon groundnut oil

Serves 2

Method

In a bowl, break the cheese and roll it into 4 balls. In a large bowl, mix the beef, parsley and black pepper then divide the mixture into 4. Roll into small balls. Make a deep well in the middle of each ball and place the cheese inside it. Cover with meat and seal it so that no cheese is visible inside and flatten it slightly. Repeat for the other beef balls. Heat the oil in a frying pan over a high heat. Add the burgers and quickly brown for about 1 minute on each side. Reduce the heat and cook for around 3 minutes on each side. This lends itself well to other types of cheeses too, if blue cheese isn't for you.

THAI BEEF

Ingredients

2 tablespoons groundnut oil
300g (11 oz) beef strips, or steak cut into thin strips
1 red chilli, deseeded and finely sliced
1 clove garlic, crushed
2 tablespoons soy sauce
2 tablespoons fresh basil leaves, chopped

Serves 2

Method

Heat the oil in a wok or large frying pan. Add the beef strips, garlic and chilli. Stir and cook for 2-3 minutes or until the meat is lightly browned. Add the soy sauce. Cook until heated through. Stir in the basil leaves. Serve with rice and salad.

COCONUT DAHL

Ingredients

1 tablespoon coconut oil
400ml coconut milk
100g (3½ oz) spinach
450g (1lb) lentils
1 onion, peeled and chopped
2cm (1in) chunk of fresh ginger, peeled and finely chopped
1 red chilli, deseeded and chopped
3 cardamom pods, seeds only
2 garlic cloves, crushed
1 teaspoon ground cumin
1 teaspoon ground coriander (cilantro)
½ teaspoon turmeric
2 tablespoons fresh coriander (cilantro), chopped
1 bay leaf

Serves 4

Method

Heat the coconut oil in a large saucepan. Add the onion, ginger, cumin, ground coriander, turmeric, cardamom seeds, chilli and garlic and cook for about 10 minutes or until the onion is soft. Add the lentils, coconut milk and bay leaf. Cook for 15 minutes. Add the spinach and stir. Cook for another 3 minutes. Just before serving, add the fresh coriander and stir in. Serve with salad or brown rice.

DESSERTS, SWEET TREATS & SNACKS

If you have a sweet tooth then this may be the section you've skipped to. As well as dessert recipes we have included snack options to give you something to nibble on in between meals or for a case of the after dinner munchies when you raid the cupboards thinking 'what can I eat'. Our chocolate recipes contain 100% cocoa powder and stevia as a sweetener giving you the fabulous chocolate hit but keeping it sugar-free. But a note of caution, we know it can awaken the taste buds to the possibility of other sweet things and it could test your will power against other desserts which aren't sugar free.

Therefore, eat these in moderation occasionally, not instead of a meal. We want you to carry on your new way of eating healthily but we know how important it is to enjoy your food. If you're unsure about testing yourself with sweet things, the temptation is too great, or it's still early days with your sugar-free diet, hold back those cravings by snacking on a selection of cheeses, olives or nuts after a meal and it won't seem like a hardship.

SPICY MIXED NUTS

Ingredients

2 tablespoons coconut oil
80g (½ cup) almonds
80g (½ cup) cashew nuts
80g (½ cup) Brazil nuts
80g (½ cup) macadamia nuts
80g (½ cup) pecan nuts
80g (½ cup) walnuts
½ teaspoon cayenne pepper
½ teaspoon nutmeg
Sprinkling of sea salt

Serves 6-8

Method

Heat the coconut oil in a large frying pan. Add the nuts, cayenne pepper, nutmeg and salt. Stir constantly for around 7-8 minutes. Store or serve as a party nibble or snack. A variation is to substitute the cayenne pepper and nutmeg for curry powder for an extra fiery kick.

COURGETTE CHIPS (ZUCCHINI)

Ingredients

1 large courgette
1 teaspoon olive oil
Sea salt (paprika, cayenne pepper or garlic powder can be used)

Serves 2

Method

Slice the courgette (zucchini) into thin circles, around the thickness of a coin. Place them in a bowl, add a teaspoon of olive oil and seasoning. Toss to lightly coat them. Line a baking sheet with foil, and lay out the slices onto the sheet. Preheat the oven to 220C/425F and bake the chips 30 minutes, turning once. Remove when crispy and golden. Serve and eat immediately.

KALE CHIPS

Ingredients

1 bag of fresh kale
1 tablespoon olive oil
Sea salt and black pepper to season

Serves 4

Method

Remove the stalks from the kale and cut the leaves into bite-size squares, of around 3cms. Put the oil, pepper and salt in a bowl and toss the kale to coat it. Place on a baking tray and cook the kale in the oven at 170C/325F for 6-10 minutes, until crispy.

CHERRY & ALMOND 'CHEESECAKE'

Ingredients

300g (12oz) cherries
200g (8oz) ricotta cheese
50g (2oz) flaked almonds
75g (3oz) ground almonds

Serves 2

Method

Heat the cherries in a saucepan until warmed through. Sprinkle the ground almonds onto the bottom of two serving bowls. Spoon the ricotta cheese on top. Pour the warm cherries over the ricotta. Sprinkle with flaked almonds. Eat immediately.

SPICED PEARS WITH MASCARPONE

Ingredients

4 large ripe Conference pears
75g (3oz) butter
1 cinnamon stick, snapped into pieces
8 cloves
1 teaspoon orange rind
2 star anise

Serves 4

Method

Peel the pears and trim the bottom slightly to allow them to stand up. Heat the butter in a frying pan, add the cinnamon, cloves and star anise. Once the butter is warm, add the pears. Gently cook for 10-15 minutes, basting the pears with the butter and spice. Combine the mascarpone with the orange rind in a bowl and set aside. When the pears are soft and cooked through, transfer into bowls and serve with a side dollop of mascarpone.

COCONUT SNACK BARS

Ingredients

Makes 8 bars
100g (4oz or 1 cup) desiccated coconut (shredded)
2 tablespoons coconut oil
½ teaspoon vanilla extract
1-2 teaspoons stevia powder
Pinch of salt (1/8 tsp)

Serves 8

Method

Place all the ingredients into a food processor. Scrape out the coconut mixture into the bottom of a loaf tin or small rectangular container. Spread and smooth the mixture. Chill in the fridge for one hour. Cut into 8 slices and keep chilled until you're ready to serve.

BANANA CHOCOLATE BITES

Ingredients

4 teaspoons 100% cocoa powder
4 teaspoons toasted coconut
2 bananas, sliced diagonally

Serves 2

Method

Put the cocoa powder and coconut on separate plates. Roll each banana slice in the cocoa, shake off the excess and dip into the coconut. Set on a plate and eat immediately.

CHOCOLATE BRAZIL NUT BRITTLE

Ingredients

150g Brazil nuts, chopped
75g (3oz) coconut oil
75g (3oz) butter
2 tablespoons cocoa powder or raw cacao powder
2 teaspoons stevia powder

Makes 24

Method

Melt the butter and coconut oil in a saucepan. Stir in the cocoa powder and stevia and stir until smooth. Place half of the chopped Brazil nuts in the bottom of a small dish or small loaf tin. Pour onto half the chocolate mixture. Sprinkle on the remaining chopped nuts and add the remaining chocolate. Chill for at least an hour until the chocolate has hardened. Using a knife, cut into 24 small pieces or break into rough chunks and serve. The coconut oil will melt in a warm room so it needs to be kept chilled until ready to eat. As a variation, try adding chopped banana with the Brazil nuts before covering with chocolate. It's so delicious.

NUT BUTTER CHOCOLATES

Ingredients

75g (3oz) coconut oil
75g (3oz) butter
2 tablespoons 100% cocoa powder or raw cacao powder
2 teaspoons stevia powder
Jar of peanut, almond, cashew or pistachio butter

Makes 20

Method

Place the coconut oil, butter, cocoa powder and stevia powder into a saucepan and heat until the butter and coconut oil have melted and the mixture is smooth. Set out small paper cake cases, petit four size works best. Spoon half the chocolate mixture into the bottom of the paper cases. Only fill each case half way up. Allow to cool slightly. Add 1 teaspoon of nut butter to each case. You may need to re-heat the chocolate if it's beginning to set. Spoon the remaining chocolate into the cases to completely cover the nut butter. Place in the fridge to set for at least an hour.

RASPBERRY, LIME & COCONUT FOOL

Ingredients

100g (3½ oz) plain (unflavoured) yogurt
1 tablespoon toasted coconut flakes
100g (3½ oz) raspberries
Zest and juice of ½ a lime
1 passion fruit

Serves 2

Method

Place the raspberries in a blender and puree until smooth. Put the yogurt, lime zest and juice in a bowl and stir. Add in the raspberry puree, but don't mix it completely, aim for a swirled affect. Spoon the yogurt and raspberry mixture into 2 serving glasses or bowls. Top it with the passion fruit seeds and toasted coconut flakes.

BERRY ICE-CREAM POPSICLES

Ingredients

150g (5½ oz or 1 cup) raspberries or blueberries
350ml (12fl oz or 1½ cups) plain yogurt (unflavoured)

Serves 4

Method

Set aside a few of the berries to add whole to the popsicles. Blitz the remaining berries in a food processor until smooth. Add the yogurt to the berries, stirring slowly to achieve a swirly effect. Stir in the remaining whole berries. Spoon the mixture into the ice-lolly moulds. Pop a few berries in as you fill the moulds. Transfer them to the freezer for at least 2 hours until they are frozen solid. For variety, try different combinations of fruit. You can even also add a little fresh herb like basil. Strawberries and mint are a great combination.

CARDAMOM, BANANAS AND VANILLA YOGURT

Ingredients

2 tablespoons plain (unflavoured) yogurt
1 vanilla pod
3 teaspoons coconut oil
2 bananas, peeled and halved lengthways
2 cardamom pods, seeds removed and crushed
2 tablespoons flaked almonds
Zest and juice of 1 lime

Serves 2

Method

Place the yogurt into a bowl, scrape out the vanilla seeds and stir them in. Set aside. Heat 1 teaspoon of coconut oil in a frying pan. Add the bananas and cook for about 2 minutes on each side until golden. Put the bananas in 2 serving dishes. Using the same pan, heat two teaspoons of coconut oil. Add the crushed cardamom seeds, and flaked almonds and heat for around a minute. Add in the lime juice and zest. Stir until it begins to bubble. Pour the sauce over the bananas. Spoon the yogurt alongside the bananas. Serve and eat straight away.

RASPBERRY & CHOCOLATE ICE CREAM

Ingredients

225g (8oz or 1 1/3 cups) raspberries
950ml (2 pints or 4 cups) plain yogurt, (unflavoured)
2 tablespoons 100% cocoa powder
Raspberries to garnish

Serves 8

Method

Place the raspberries in a bowl and mash with a fork. Add ½ the yogurt and stir until combined. In another bowl, combine the remaining yogurt and cocoa powder. Line a small loaf tin with grease-proof paper or plastic wrap. Spread ½ the raspberry yogurt mixture into the prepared tin and smooth it. Top it with the chocolate yogurt mixture then add the remaining raspberry mixture. Freeze for at least 3 hours, or until firm. Place a serving plate over the tin and gently tip out the frozen dessert. Remove the wrap. Garnish with a few fresh raspberries, slice and serve.

YOGURT TOPPERS

Yogurt is so versatile and can be eaten as a snack, breakfast or after a meal. You can liven up your plain yogurt to make it feel like more of a treat. Here are a few suggestions.

COCONUT & PISTACHIO

Chop a tablespoon of toasted coconut flakes and a tablespoon of pistachio nuts. Sprinkle them onto your bowl of yogurt for extra flavour and crunch.

CHOCOLATE, BANANA & BRAZIL NUTS

Cut the banana into diagonal slices, roughly chop the Brazil nuts and add both to your yogurt. Sprinkle with a few raw cacao nibs or cocoa powder and enjoy.

BLUEBERRIES & FLAKED ALMOND

Place a handful of blueberries in a pan, add a pinch of cinnamon and add a squeeze of lemon juice. Pour the warm blueberries over your bowl of yogurt and top if off with flaked almonds.

SAUCES & DIPS

GUACAMOLE

Ingredients

2 ripe avocados
1 clove garlic
1 red chilli pepper, finely chopped
Juice of 1 lime
2 tablespoons fresh coriander leaves (cilantro), chopped

Method

Remove the stone from the avocado and scoop out the flesh. Combine all the ingredients in a bowl and mash together until smooth. Garnish with fresh coriander.

HUMMUS

Ingredients

2 cloves garlic
240g (8oz) can of chickpeas, drained
1 teaspoon sea salt
Juice of 2 lemons
1 tablespoon olive oil

Method

Place all the ingredients in a blender until it is combined. Transfer the hummus into a bowl and it's ready to serve.

BARBECUE SAUCE

Ingredients

1 teaspoon cumin
2 teaspoons paprika
½ teaspoon cayenne pepper
1 teaspoon garlic salt
1 teaspoon cinnamon
2 tablespoons apple cider vinegar
1 teaspoon pepper
1 teaspoon mustard
½ teaspoon stevia (optional)
2 tablespoons olive oil

Method

Stir all of the ingredients together in a small bowl and mix well. Store in a container or use it straight away. It works great with chicken wings, ribs, pork or beef.

This barbecue sauce can be used as a marinade for meat before cooking or simply rub it on just before you need it.

SUGAR-FREE KETCHUP

Ingredients

170ml (6oz) tomato paste
2 tablespoons of onion powder

1 teaspoon garlic powder
½ teaspoon ground sea salt
150ml (5fl oz) apple cider vinegar
60ml (2fl oz) water
1/8 teaspoon of ground cloves
1/8 teaspoon cinnamon
1/8 teaspoon allspice
1/8 teaspoon pepper

Method

Place all the ingredients in a bowl and stir until smooth. Keep the ketchup in a glass jar in the refrigerator, ready to use.

CORIANDER PESTO (CILANTRO)

Ingredients

2 tablespoons unsalted cashew nuts
2 tablespoons olive oil
6 tablespoons fresh coriander leaves (cilantro)
80g (3½oz) Parmesan cheese, finely grated
1 green chilli, chopped and deseeded

Method

Place all the ingredients in a food processor and blitz until it becomes a smooth paste.

BASIL PESTO

Ingredients

4 tablespoons pine nuts
6 tablespoons basil leaves
80g (3½oz) Parmesan cheese, finely grated
1 clove of garlic
2 tablespoons olive oil

Method

Put all of the ingredients into a food processor or blend until you have a smooth paste.

MINT PESTO

Ingredients

6 tablespoons fresh mint leaves
4 tablespoons walnuts
2 cloves of garlic
100g (4oz) Parmesan cheese
1 tablespoon lemon juice

Method

Put all the ingredients into a food processor and blend until it becomes a smooth paste.

CAJUN SEASONING

Ingredients

2 ½ tablespoons paprika
2 tablespoons sea salt
2 tablespoons garlic powder
1 tablespoon onion powder
1 tablespoon cayenne pepper
1 tablespoon dried oregano
1 tablespoon dried thyme

Method

Mix the ingredients together in a bowl, store in an airtight container or jar and add this versatile seasoning to perk-up chicken, seafood, chops and steak.

CLASSIC VINAIGRETTE

Ingredients

4 tablespoons olive oil
1 tablespoon apple cider vinegar (or lemon juice)
¼ teaspoon sea salt
A squeeze of lemon juice
Freshly ground black pepper

Method

Mix the ingredients together in a bowl or shaker before serving and use with fresh salads. With all the following vinaigrette recipes, you could substitute the vinegar for lemon juice, or try other varieties of vinegar instead.

GARLIC VINAIGRETTE

Ingredients

4 tablespoons olive oil
1 tablespoon apple cider vinegar (or lemon juice)
1 clove garlic, crushed
A squeeze of lemon juice
¼ teaspoon salt
Freshly ground black pepper

Method

Mix all the ingredients together and store or use straight away.

WALNUT VINAIGRETTE

Ingredients

4 tablespoons walnut oil
2-3 tablespoons apple cider vinegar
Freshly ground black pepper

Method

Stir the ingredients together and season with sea salt. Can be stored in the fridge or used immediately.

Printed in Great Britain
by Amazon

INTRODUCTION

N'avez-vous jamais remarqué qu'il se passe des choses étranges dans votre cuisine ? Des phénomènes récurrents qui, d'après de longues heures d'observation chez Marmiton, seraient liés au fonctionnement de notre four.

Le premier d'entre eux est une migration des corps. Elle intervient généralement au cours de la cuisson, lorsque l'odeur du cake commence à se répandre dans la maison. Bizarrement, toutes les personnes présentes semblent irrémédiablement attirées dans la cuisine… Allez savoir pourquoi ! Le deuxième phénomène intervient au moment où le cake sort du four. Tout à coup, le cake devient le principal sujet de conversation… On veut savoir quand on pourra le manger, on s'interroge sur son parfum, on veut en couper une tranche… Le troisième phénomène est celui de la disparition. Le cake n'est plus. Entre la fin de la cuisson et maintenant, il a bien dû se passer quelque chose… Vous ne seriez pas passé par là ?

Bonne dégustation,
L'équipe Marmiton

CAKE FOREVER

C'est quoi, cette tranche de cake ? C'est LA question qui
va brûler toutes les lèvres chez vous à partir de maintenant.
En cause, les recettes qui suivent. Vous n'y pouvez rien,
elles sont plus appétissantes les unes que les autres,
et les essayer toutes n'est pas une option, c'est une réalité
que vous allez vous faire un plaisir de mettre à l'ordre
du jour. Chocolat, fruits… le plus difficile va être d'établir
le planning de dégustation !

Pommes (2)
Citron non traité (1)

- Œufs (3) • Farine (250 g)
- Beurre (180 g + un peu pour le moule)
- Sucre (120 g)
- Levure chimique (½ sachet)
- Sel (1 pincée)

recette proposée par **Louise**

CAKE AUX POMMES ET AU CITRON

Pour 6 personnes
Préparation 20 min
Cuisson 45 min
Très facile
Coût

1. Préchauffez le four à 180 °C (th. 6).
2. Pelez, épépinez et **coupez les pommes en dés**.
3. Rincez le citron et **râpez l'équivalent de 1 c. à soupe de zeste**.
4. Dans un grand saladier, **travaillez le beurre** préalablement **ramolli et le sucre** jusqu'à ce que le mélange soit homogène.
5. **Incorporez les œufs un à un, puis la farine tamisée, la levure, le zeste de citron et le sel.**
6. **Ajoutez les dés de pommes** et mélangez délicatement.
7. **Versez la pâte dans un moule à cake** préalablement **beurré**.
8. **Enfournez** et laissez cuire **45 min**.
9. Laissez tiédir le cake hors du four puis démoulez-le sur une grille. Servez à température ambiante.

> Top des avis:
> "Très bon ! **J'ai mis en plus le jus de 2 citrons pour bien sentir le goût acidulé.**" breizhette
>
> "Une recette facile et délicieuse ! **J'y ai ajouté des morceaux de chocolat à la fleur de sel.**" ipardo
>
> "Excellent cake ! **Avant d'ajouter les pommes, je fais légèrement cuire dans une poêle avec du miel.**" ManonSalerno

Préparer une pomme

Astuce : Préférez des pommes Golden, Royal Gala ou reinettes.

recette proposée par
Canelle

CAKE À LA RHUBARBE

Pour 6 personnes
Préparation 30 min
Cuisson 1 h
Très facile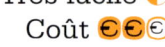
Coût

Top des avis :
"N'ayant pas assez de rhubarbe, j'ai ajouté de la pomme Gala. Le résultat était vraiment super."
lawyeuse

"J'ai saupoudré ma rhubarbe coupée en morceaux de sucre et je l'ai laissé dégorger pendant une **bonne heure** avant de l'utiliser."
LadyJaneDoe

"La prochaine fois, **j'essaierai de caraméliser la rhubarbe avant de l'incorporer à la préparation** et j'ajouterai, pourquoi pas, des pépites de chocolat blanc…
Mmmm !" ophelon

Astuce : Pour un petit goût caramélisé, faites revenir la rhubarbe à la poêle dans un peu de beurre et de sucre.

① Préchauffez le four à 180 °C (th. 6).

② Lavez puis **coupez la rhubarbe en petits cubes**.

③ **Faites fondre le beurre** dans une petite casserole ou au micro-ondes.

④ Dans un saladier, à l'aide d'un fouet électrique, **faites mousser le beurre fondu, puis ajoutez le sucre, les œufs, le sel et le sucre vanillé**. Continuez de battre jusqu'à ce que le mélange blanchisse.

⑤ **Incorporez la rhubarbe** à l'aide d'une spatule.

⑥ Dans un bol, **mélangez la farine et la levure puis ajoutez le tout à la préparation** précédente.

⑦ Beurrez et farinez un moule à cake puis versez-y la pâte.

⑧ **Enfournez** et laissez cuire **1 h**.

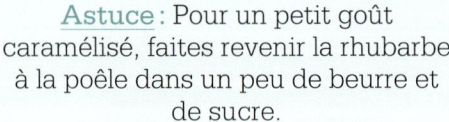

Préparer la rhubarbe

Rhubarbe (500 g)
- Beurre (100 g)
- Œufs (3)
- Sucre (150 g)
- Farine (200 g)
- Sucre vanillé (1 sachet)
- Levure chimique (½ sachet)
- Sel (1 pincée)

Chocolat noir pâtissier (150 g)
Poudre d'amandes (50 g)
• Œufs (3) • Sucre (100 g)
• Farine (60 g) • Beurre (80 g)
• Levure chimique (1 c. à café)

recette proposée par **Audrey**

CAKE AU CHOCOLAT

Pour 6-8 personnes
Préparation 15 min
Cuisson 35 min
Très facile
Coût

❶ Préchauffez le four à 180 °C (th. 6).

❷ Beurrez un moule à cake.

❸ **Faites fondre le chocolat coupé en morceaux au bain-marie avec 5 c. à soupe d'eau** (vous pouvez également le faire fondre doucement au micro-ondes).

❹ Dans un saladier, **battez les œufs avec le sucre, jusqu'à ce que le mélange blanchisse.**

❺ **Ajoutez la farine, la levure, le beurre fondu, la poudre d'amandes et le chocolat fondu. Mélangez bien.**

❻ Versez la préparation dans le moule à cake.

❼ **Enfournez** et laissez cuire **30 à 35 min**. Attendez 5 min avant de démouler puis laissez refroidir.

Top des avis :
"**Vraiment bon et moelleux.** Je n'ai pas mis de poudre d'amandes mais le zeste d'une orange. Tous mes invités ont adoré." Rita_41

"Excellent. **J'ai ajouté des pépites de chocolat, c'était parfait.**" Katia91

"Cela faisait longtemps que je n'avais pas mangé un aussi bon gâteau, délicieux ! **À la place de la poudre d'amandes, j'ai mis de la noix de coco râpée.**" Nimis

Astuce : Pour plus d'originalité, ajoutez une poignée de pistaches dans la pâte.

recette proposée par **queenie**

CAKE AUX NOIX

Pour 6 personnes
Préparation 15 min
Cuisson 50 min
Facile
Coût

① Préchauffez le four à 180 °C (th. 6).

② Beurrez un moule à cake.

③ **Mixez finement les noix** avec un mixeur électrique.

④ **Ajoutez le beurre** préalablement **ramolli et le sucre puis mixez** à nouveau.

⑤ **Ajoutez le lait et les œufs. Mixez** encore.

⑥ Dans un saladier, **mélangez la farine avec la levure.**

⑦ **Versez le contenu du mixeur dans le saladier et mélangez.**

⑧ **Transvasez la pâte dans le moule à cake.**

⑨ **Enfournez** et laissez cuire **40 à 50 min**.

⑩ Démoulez et dégustez.

Top des avis :
"J'ai mis un peu moins de beurre (80 g) et j'ai ajouté 1 c. à soupe de miel." Nico140381

"Je ne mixe pas les noix, et **j'ajoute des noix de pécan et des abricots secs coupés en morceaux !** Délicieux le matin !" Carina2B

"J'ai ajouté 2 sachets de sucre vanillé et **j'ai mixé les noix grossièrement pour conserver du croquant.**" Bebere1

Astuce : Remplacez les noix par de la poudre de noix ou, à défaut, de la poudre de noisettes.

Cerneaux de noix (80 g)
- Beurre (100 g + un peu pour le moule)
- Sucre (150 g) • Œufs (2)
- Farine (150 g) • Lait (10 cl)
- Levure chimique (1 sachet)

Citron non traité (1)
Graines de pavot (2 c. à soupe)
- Farine (150 g) • Sucre (150 g)
- Beurre (150 g + un peu pour le moule) • Œufs (3)
- Levure (1 sachet)

recette proposée par
Carole

CAKE AU PAVOT ET AU CITRON

Pour 6 personnes
Préparation 15 min
Cuisson 50 min
Très facile
Coût €€€

Top des avis :
"**J'ai fait un glaçage jus de citron, sucre glace et pavot** qui donne une petite note d'acidité ! Miam."
Persil20

"**Au moment de servir, accompagnez le gâteau de confiture de fruits rouges** pour apporter une petite touche de douceur !" leene8

"**Pour rendre ce cake plus léger, je mets environ 10 cl d'huile d'olive et 5 cl d'eau à la place du beurre**. Je bats avec le fouet électrique quelques secondes et je les ajoute au reste des ingrédients."
Titine_70

Astuce : Pour donner au cake une jolie couleur, chemisez le moule beurré de cassonade avant d'y verser la pâte.

❶ Préchauffez le four à 180 °C (th. 6).

❷ Beurrez un moule à cake.

❸ **Faites fondre le beurre** dans une petite casserole ou au micro-ondes.

❹ **Prélevez le zeste du citron puis pressez-le**.

❺ Dans un saladier, **mélangez la farine, le sucre, le beurre fondu, les œufs et la levure**.

❻ **Ajoutez le zeste et le jus de citron ainsi que les graines de pavot**.

❼ **Versez la pâte dans le moule à cake**.

❽ **Enfournez** et laissez cuire **50 min**.

CAKE AUX FRUITS CONFITS

Pour 6 personnes
Préparation 20 min
Cuisson 45 min
Repos 30 min
Facile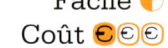
Coût

Top des avis :
"Très bon cake, **j'ai ajouté un peu de cannelle**, j'adore !" Slynini

"Très facile à faire et très moelleux. Par contre, **par pure gourmandise, j'ai mis 200 g de fruits confits au lieu de 100 g.** C'est encore meilleur !" Chiyoub

"À la place du rhum, j'ai fait macérer les raisins dans du jus d'orange tiédi. Recette incontournable !"
Emmanuelle_107

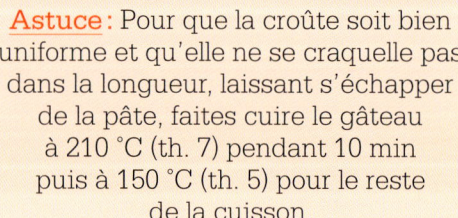

Astuce : Pour que la croûte soit bien uniforme et qu'elle ne se craquelle pas dans la longueur, laissant s'échapper de la pâte, faites cuire le gâteau à 210 °C (th. 7) pendant 10 min puis à 150 °C (th. 5) pour le reste de la cuisson.

❶ **Découpez les fruits confits en petits dés**.

❷ Dans une casserole, **faites tiédir le rhum et plongez-y les raisins secs**. Laissez macérer pendant 30 min.

❸ Préchauffez le four à 180 °C (th. 6).

❹ Séparez les blancs des jaunes d'œuf.

❺ Dans un saladier, **fouettez les jaunes d'œuf avec le sucre** jusqu'à ce que le mélange blanchisse.

❻ **Battez les blancs d'œuf en neige ferme** avec une pincée de sel.

❼ **Faites fondre le beurre** dans une petite casserole ou au micro-ondes.

❽ **Versez 200 g de farine sur le mélange jaunes-sucre**. Mélangez bien.

❾ **Ajoutez la levure, le beurre fondu et les blancs en neige**. Mélangez délicatement.

❿ **Égouttez les raisins secs et incorporez-les** à la pâte.

⓫ **Saupoudrez les fruits confits de 10 g de farine** et mélangez-les pour bien les enrober. **Ajoutez-les à la pâte** sans trop mélanger pour ne pas supprimer la farine qui les enveloppe.

⓬ Beurrez un moule à cake et farinez-le.

⓭ **Versez la pâte dans le moule, enfournez** et laissez cuire **45 min** environ. Laissez tiédir avant de démouler.

Fruits confits (100 g)
Raisins secs (50 g)
Rhum vieux (5 cl)
• Farine (220 g) • Sucre (125 g)
• Beurre (125 g)
• Levure chimique (½ sachet)
• Œufs (3)
• Sel (1 pincée)

Chocolat noir pâtissier (200 g)
Courgettes (200 g)
Poudre d'amandes (230 g)
• Margarine ou beurre (150 g)
• Œufs (3) • Sucre (150 g)
• Farine (200 g) • Levure chimique (1 c. à café)
• Sel (¼ c. à café)

CAKE AUX COURGETTES ET CHOCOLAT

Pour 6 personnes
Préparation 35 min
Cuisson 1 h
Facile
Coût

Top des avis :
"*The* gâteau ! Un moelleux incomparable, **un goût à faire fondre de plaisir !**" Ludivine_526

"Excellent, léger, et personne ne trouve la courgette, **parfait pour faire manger des légumes aux petits, et aux grands !**" Agnès_337

"J'ai utilisé des courgettes jaunes qui sont plus sucrées." audeallanmarin

Astuce : Vous pouvez préparer ce gâteau la veille pour le lendemain, il n'en sera que meilleur !

① Préchauffez le four à 180 °C (th. 6).

② Tapissez un moule à cake de papier sulfurisé.

③ **Faites fondre le chocolat avec 2 c. à soupe d'eau,** au bain-marie ou au micro-ondes.

④ Lavez et **râpez les courgettes avec une râpe à gros trous.** Pour enlever l'eau, pressez-les puis déposez-les sur du papier absorbant.

⑤ Dans un saladier, **mélangez la margarine ou le beurre jusqu'à obtenir un aspect crémeux.**

⑥ **Ajoutez le sucre, les œufs** et continuez à travailler ce mélange jusqu'à ce qu'il blanchisse.

⑦ **Ajoutez le chocolat fondu puis les courgettes, la poudre d'amandes et la farine mélangée avec le sel et la levure.**

⑧ **Enfournez** et laissez cuire **1 h.**

CAKE AU CITRON

Pour 6 personnes
Préparation 20 min
Cuisson 40 min
Facile
Coût

Top des avis :
"Ce cake est extra ! **Je ne fais pas le sirop : je mets le jus des citrons directement dans le cake !**"
Emmanuellet

"**J'ai ajouté un pot de yaourt** et il était moelleux et excellent."
Alix782003

"**Pour plus d'acidité, j'ai pressé un citron dans l'appareil. Je couvre toujours le cake avec un torchon épais quand il sort du four pour qu'il ne s'assèche pas.**"
zozorre

Astuce : Vous pouvez remplacer le jus de citron frais par 10 cl de Pulco citron.

❶ Préchauffez le four à 180 °C (th. 6).

❷ Beurrez un moule à cake.

❸ Séparez les blancs des jaunes d'œuf.

❹ **Battez les blancs d'œuf en neige**.

❺ **Faites fondre le beurre** dans une petite casserole ou au micro-ondes.

❻ **Râpez le zeste du citron**.

❼ Dans un saladier, **fouettez les jaunes d'œuf avec le sucre** à l'aide d'un batteur électrique.

❽ **Ajoutez le zeste du citron, la farine, la levure et le beurre**.

❾ **Incorporez délicatement les blancs en neige**.

❿ **Versez la pâte dans le moule puis enfournez** et laissez cuire **30 à 40 min**.

⓫ Pendant ce temps, réalisez le sirop : **faites fondre les morceaux de sucre avec le jus des 2 citrons** dans une casserole à feu doux jusqu'à ce que le sucre soit complètement dissous.

⓬ À la sortie du four, **versez le sirop sur le cake encore chaud**.

Citron non traité (1)
- Farine (200 g) • Sucre (200 g)
- Œufs (4)
- Levure chimique (½ sachet)
- Beurre (100 g)

<u>Pour le sirop :</u>
- Citrons (2)
- Sucre (20 morceaux)

Oranges non traitées (2)
Cannelle (1 c. à café)
• Farine (225 g)
• Levure chimique (1 sachet)
• Sucre (175 g) • Œufs (3)
• Beurre (100 g
+ un peu pour le moule)

CAKE À L'ORANGE ET À LA CANNELLE

Pour 6-8 personnes
Préparation 20 min
Cuisson 45 min
Très facile
Coût

Top des avis :
"J'ai ajouté des morceaux d'orange confite que j'ai roulés dans la farine avant de les ajouter à la pâte et tout le monde a adoré."
Jocelyne_207

"Je n'ai qu'un mot : DÉLICIEUX. J'ai utilisé du jus d'orange en bouteille (20 cl)." Corinne_2537

"Excellente recette cuite dans des mini moules à cake pendant 20 min. Parfait !"
Magali_416

Astuce : Remplacez les oranges par des clémentines (comptez environ 7 clémentines).

❶ Préchauffez le four à 150 °C (th. 5).

❷ **Faites fondre le beurre** dans une petite casserole ou au micro-ondes.

❸ Dans un saladier, **mélangez le sucre, la farine, la levure, le beurre fondu et les œufs.**

❹ **Prélevez le zeste de 1 orange puis pressez les 2 oranges.**

❺ **Ajoutez le zeste et le jus d'orange au mélange.** Remuez de manière à obtenir une pâte lisse.

❻ **Ajoutez la cannelle.**

❼ **Beurrez un moule à cake puis versez-y l'appareil.**

❽ **Enfournez** et laissez cuire **45 min**.

recette proposée par
Mimosa59

CAKE AUX AMANDES

Pour 6 personnes
Préparation 15 min
Cuisson 45 min
Très facile
Coût €€€

① Préchauffez le four à 180 °C (th. 6).

② Beurrez et farinez un moule à cake.

③ Dans un saladier, **fouettez les œufs avec le sucre et le sel** jusqu'à ce que le mélange mousse.

④ **Ajoutez les amandes, la crème liquide, la farine et la levure** en remuant bien, afin d'obtenir une pâte lisse.

⑤ **Versez la pâte dans le moule**.

⑥ **Enfournez** et laissez cuire **45 min**.

⑦ Laissez tiédir à température ambiante avant de démouler le cake.

Top des avis :
"Très léger. **J'ai ajouté une goutte d'extrait d'amande amère.** Délicieux !" Asmouta

"J'ai remplacé la crème par une demi-tasse de lait et une demi-tasse d'huile de tournesol." manu04300

"Rapide et goûteux, bref, rien que des qualités pour ce cake. **J'ai ajouté 3 c. à soupe de vodka au Carambar !**" tatsch67

Astuce : Pour varier, remplacez les amandes par des noisettes.

Poudre d'amandes (1 tasse)
- Crème liquide (1 tasse)
- Sucre (1 tasse) • Œufs (2)
- Farine (1 tasse)
- Levure chimique (1 sachet)
- Sel (1 pincée) • Beurre

Utilisez une tasse d'une contenance d'environ 25 cl.

Dattes dénoyautées (300 à 400 g)
Eau de fleur d'oranger (5 cl ou plus selon votre goût)
- Farine (200 g) • Sucre (100 g)
- Levure chimique (1 sachet) • Œufs (3)
- Huile de tournesol (10 cl)
- Lait (10 cl)
- Beurre (pour le moule)

recette proposée par
Laure

CAKE AUX DATTES

Pour 6-8 personnes
Préparation 20 min
Cuisson 50 min
Très facile
Coût €€€

Top des avis :
"C'est une excellente recette ! **J'ai juste ajouté un peu d'amandes et de raisins secs** et j'ai utilisé de l'eau de rose à la place de l'eau de fleur d'oranger." meriem83

"J'ai remplacé l'eau de fleur d'oranger par du rhum blanc et **j'ai battu les blancs en neige pour un cake plus léger. Un régal.**"
Bene10

"**Testé aussi avec de la pâte de dattes à la place des dattes entières…** Et j'ai trouvé cela encore meilleur : c'est comme si les petits morceaux de pâte de dattes caramélisaient sur les bords. Super recette, merci !"
Turpitude

Astuce : Remplacez les dattes par des pruneaux ou des figues.

❶ Préchauffez le four à 180 °C (th. 6).

❷ **Coupez les dattes en morceaux.**

❸ Dans un saladier, **mélangez la farine, le sucre, les œufs et la levure. Fouettez bien.**

❹ **Ajoutez l'huile et le lait et fouettez** encore.

❺ **Terminez en ajoutant les dattes et l'eau de fleur d'oranger.** Mélangez à l'aide d'une cuillère en bois ou d'une maryse.

❻ **Beurrez un moule à cake** ou tapissez-le de papier sulfurisé.

❼ **Versez la préparation dans le moule, enfournez** et laissez cuire **45 à 50 min**, en couvrant si nécessaire en cours de cuisson avec une feuille de papier d'aluminium pour éviter que le dessus ne prenne trop de couleur.

❽ Dégustez tiède ou froid, tel quel ou accompagné d'une crème anglaise.

CAKE À LA BANANE

Pour 6 personnes
Préparation 20 min
Cuisson 1 h
Facile
Coût

❶ Préchauffez le four à 165 °C (th. 5-6).

❷ Dans un saladier, **mélangez 150 g de farine avec le sucre, la levure chimique, le bicarbonate et le sel**.

❸ Dans une assiette, **écrasez les bananes** préalablement épluchées.

❹ **Ajoutez-les à la préparation** précédente.

❺ **Ajoutez ensuite le beurre coupé en dés et le lait**.

❻ **Battez doucement,** avec un robot ou un fouet électrique, jusqu'à l'obtention d'une pâte homogène, **puis vigoureusement pendant 2 min**.

❼ **Ajoutez les œufs et le reste de la farine**. Mélangez bien.

❽ **Beurrez le fond d'un moule à cake**.

❾ **Versez la pâte dans le moule**.

❿ **Enfournez** et laissez cuire environ **1 h**.

> Top des avis :
> "Juste excellent ! **Dosages respectés à la lettre en ajoutant juste des pépites de chocolat dans la pâte.**" Lazuki
>
> "Une très bonne recette de banana cake USA style ! J'y ajoute des myrtilles et **je le cuis dans des moules à muffins pour changer du banana cake standard.**" Sabrina_1564
>
> "Très bon ! J'ai rajouté des noix et mis du sucre roux. **Idéal pour recycler des bananes trop mûres.**" Marion_115

Astuce : Faites revenir les bananes dans une poêle avec une noix de beurre pendant 10 à 15 min puis réduisez-les en purée avant de les incorporer à la pâte.

La recette filmée

Bananes mûres (2 ou 3)
Bicarbonate de soude (½ c. à café)
- Farine (250 g) • Œufs (2)
- Sucre (160 g)
- Levure chimique (2 c. à café)
- Sel (1 bonne pincée)
- Beurre (85 g)
- Lait (2 c. à soupe)

Chocolat noir pâtissier (125 g)
Vanille liquide (2 c. à soupe)
Cassonade (150 g)
- Œufs (4)
- Beurre ou margarine (180 g)
- Sucre vanillé (1 sachet)
- Farine (200 g)
- Levure chimique (½ sachet)
- Lait

recette proposée par
riri

CAKE VANILLE-CHOCOLAT

Pour 6 personnes
Préparation 30 min
Cuisson 40 min
Facile
Coût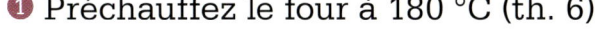

Top des avis :
"Extra ! **J'ai aussi essayé sans chocolat et avec des amandes effilées au-dessus**. C'est tout simplement DÉ-LI-CIEUX !" garmi

"Je n'avais pas de vanille liquide, j'ai mis des gouttes d'extrait d'amande à la place. Le petit goût de frangipane a beaucoup plu à la famille." sapotye

"Je n'ai pas chemisé le moule, je l'ai juste beurré et fariné, le gâteau se démoule très bien." Irene_57

Astuce : Pour un marbré impeccable, versez toute la pâte chocolat puis la pâte vanille dessus et ensuite, à l'aide d'une baguette chinoise, réalisez des petits mouvements circulaires du bas vers le haut pour faire remonter des virgules de chocolat dans la vanille.

❶ Préchauffez le four à 180 °C (th. 6).

❷ Dans une casserole, **faites fondre le beurre** au bain-marie puis **versez-le dans un saladier**.

❸ **Ajoutez la cassonade et le sucre vanillé. Fouettez** bien pour que le mélange soit homogène.

❹ **Séparez les blancs des jaunes d'œuf.**

❺ **Ajoutez les jaunes d'œuf au mélange précédent** en fouettant énergiquement entre chaque ajout.

❻ **Incorporez la farine et la levure.**

❼ **Séparez ensuite le mélange en 2 parts égales.**

❽ **Dans une première partie, versez la vanille liquide** puis mélangez.

❾ Dans une casserole, **faites fondre le chocolat** au bain-marie avec un peu de lait.

❿ **Incorporez le chocolat fondu à la seconde moitié de pâte**.

⓫ **Montez les blancs d'œuf en neige.**

⓬ **Incorporez la moitié des blancs en neige dans la pâte à la vanille et la seconde moitié dans la pâte au chocolat.**

⓭ **Tapissez un moule à cake de papier sulfurisé.**

⓮ **Versez dans le moule, en alternance, la pâte à la vanille et la pâte au chocolat.**

⓯ **Enfournez** et laissez cuire **40 min**.

CAKE AUX CARAMBAR

recette proposée par **Poussin76**

Pour 8 personnes
Préparation 30 min
Cuisson 40 min
Très facile
Coût

1. Préchauffez le four à 180 °C (th. 6).
2. Beurrez un moule à cake.
3. Dans une casserole, **faites fondre 20 Carambar avec le lait et le beurre**.
4. **Coupez les 5 Carambar restants en petits morceaux.**
5. Dans un saladier, **fouettez les œufs avec le sucre** jusqu'à ce que le mélange blanchisse.
6. **Ajoutez la farine et la levure.**
7. **Une fois les Carambar fondus, ajoutez-les à la préparation.**
8. **Versez la pâte dans le moule et parsemez de petits morceaux de Carambar.**
9. **Enfournez** et laissez cuire **40 min**.
10. Dégustez tiède avec une boule de glace à la vanille.

> Top des avis :
> "Une petite idée pour alléger : **mettre 100 g de compote de pommes** (après tout, pomme-caramel, c'est une bonne association !) **+ 50 g de beurre et seulement 90 g de sucre**."
> Boubounette

"Délicieux et super original. J'ai mis 100 g de beurre, 60 g de sucre et je l'ai cuit 30 min pour qu'il soit très moelleux. **Servi avec une crème anglaise. À refaire !**"
autan311

La recette filmée

Astuce : Ajoutez les morceaux de Carambar après 5 à 10 min de cuisson afin d'éviter qu'ils ne tombent au fond du moule.

Carambar au caramel (25)
- Beurre (150 g)
- Lait (10 cl)
- Sucre (80 g)
- Œufs (3)
- Farine (160 g)
- Levure chimique (1 sachet)

Cassonade (60 g)
Pommes (400 g)
Cannelle en poudre (10 g)
• Farine (200 g) • Sucre (200 g)
• Œufs (4)
• Levure chimique (½ sachet)
• Beurre (130 g)

CAKE À LA CANNELLE ET AUX POMMES CARAMÉLISÉES

Pour 6 personnes
Préparation 25 min
Cuisson 40 min
Très facile
Coût

1. Préchauffez le four à 200 °C (th. 6-7).
2. Beurrez un moule à cake.
3. Épluchez et **coupez les pommes en gros dés**.
4. Dans une sauteuse, **faites fondre 30 g de beurre puis faites-y dorer les dés de pommes** à feu doux.
5. Une fois dorés, **saupoudrez-les de cassonade, couvrez et laissez cuire encore quelques minutes**.
6. Dans une casserole, **faites fondre 100 g de beurre**.
7. Dans un saladier, **mélangez le sucre et le beurre fondu, puis incorporez-y les œufs un à un**.
8. **Ajoutez la farine et la levure puis la cannelle**. Mélangez.
9. **Incorporez les dés de pommes** à la pâte.
10. **Versez le tout dans le moule. Enfournez** et laissez cuire **35 à 40 min**.

Top des avis:
"Vraiment très bon ! J'ai préféré mettre moins de sucre (150 g) et j'ai ajouté des petits morceaux d'abricots secs !"
Clarinette_121

"Je verse le jus de cuisson des pommes sur le cake à la sortie du four (elles rendent leur jus lors de la cuisson avec la cassonade)."
Clarinette_121

"Petite astuce : enfarinez légèrement les pommes avant de les mélanger à l'appareil, elles ne tomberont pas au fond du moule."
Jkyupi

Astuce : Remplacez la cannelle par de la vanille liquide (1 c. à café).

recette proposée par
Gigi

CAKE AU CHOCOLAT ET AUX NOISETTES

Pour 6 personnes
Préparation 30 min
Cuisson 35 min
Facile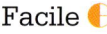
Coût

Top des avis :
"Délicieux, **ne pas hésiter à mettre plus de chocolat !**"
Vero_124

"Excellent ! **J'ai mis de la poudre d'amandes à la place de la poudre de noisettes et moins de sucre.**"
Ptiboudom

"Parfait ! **Fondant et moelleux à la fois, délicatement parfumé, succulent au petit déjeuner !**"
Celine_1

Astuce : Si la pâte ne vous semble pas assez souple, n'hésitez pas à ajouter un peu de lait.

① Préchauffez le four à 180 °C (th. 6).

② Beurrez un moule à cake.

③ **Faites fondre le beurre** à la casserole ou au micro-ondes.

④ **Faites fondre le chocolat** dans une casserole au bain-marie.

⑤ **Séparez les blancs des jaunes d'œuf.**

⑥ **Concassez finement les noisettes.**

⑦ Dans un saladier, **mélangez le beurre fondu, les jaunes d'œuf et la pincée de sel**.

⑧ **Ajoutez la poudre de noisettes, la farine, le sucre et la levure.**

⑨ Incorporez le chocolat fondu.

⑩ **Battez les blancs d'œuf en neige ferme et incorporez-les à la pâte.**

⑪ **Versez la pâte dans le moule, ajoutez les noisettes concassées.**

⑫ **Enfournez** et laissez cuire **35 min**.

Poudre de noisettes (200 g)
Noisettes entières (50 g)
Chocolat noir pâtissier (50 g)
• Beurre (125 g) • Œufs (4)
• Sucre (200 g) • Farine (120 g)
• Levure chimique (2 c. à café)
• Sel (1 pincée)

Pommes (2)
Bananes (2)
- Beurre (75 g + un peu pour le moule)
- Sucre (125 g)
- Farine (250 g)
- Œufs (2)
- Levure chimique (1 sachet)

recette proposée par
clementine_15

CAKE POMMES-BANANES

Pour 6-8 personnes
Préparation 15 min
Cuisson 40 min
Très facile
Coût

① Préchauffez le four à 180 °C (th. 6).

② Beurrez un moule à cake.

③ Épluchez et **coupez les bananes en morceaux**.

④ Épluchez, épépinez et **coupez les pommes en cubes**.

⑤ **Faites fondre le beurre** dans une casserole ou au micro-ondes.

⑥ Dans un saladier, **mélangez le beurre fondu et le sucre. Ajoutez les œufs et mélangez encore.**

⑦ **Ajoutez la farine, la levure et les morceaux de fruits**.

⑧ **Versez la pâte dans le moule à cake beurré**.

⑨ **Enfournez** et laissez cuire **40 min**.

Top des avis :
"J'ai rajouté un verre de lait et un yaourt puis laissé cuire 50 min. Une merveille !" coeurnichon

"Ce cake est vraiment bon, je n'ai mis que des bananes, j'ai rajouté 5 cl de lait et autant de **crème fraîche**, le cake a bien gonflé, il était très moelleux." SMASKA

"J'ai ajouté un peu de rhum et, **une fois la pâte dans le moule, j'ai plongé 4 carrés de chocolat noir**. Un délice."
kacyleo

Astuce : Pour une version croquante, ajoutez 100 g de noix hachées.

recette proposée par
caroline_403

CAKE AU MIEL

Pour 6 personnes
Préparation 15 min
Cuisson 45 min
Facile
Coût

① Préchauffez le four à 200 °C (th. 6-7).

② Beurrez un moule à cake.

③ **Faites fondre le beurre.**

④ **Faites chauffer le lait** dans une casserole.

⑤ Dans un saladier, **mélangez le miel, le sucre et le lait chaud.**

⑥ **Ajoutez petit à petit la farine et la levure.** Mélangez avec une cuillère en bois jusqu'à ce que la pâte soit bien lisse.

⑦ **Incorporez les œufs, le beurre fondu et le sucre vanillé.**

⑧ **Versez cette pâte dans le moule.**

⑨ **Enfournez** et laissez cuire **20 min. Baissez la température du four à 180 °C (th. 6)**, couvrez le gâteau d'une feuille de papier d'aluminium et **poursuivez la cuisson encore 25 min.**

Top des avis :
"J'ai testé avec le jus de 2 citrons verts et un fond de lait de coco pour une touche exotique."
Myriam_1293

"Ce cake est aussi **très bon avec des noix !**"
Jessica_508

"**Je l'ai fait avec de la cassonade**, c'est excellent !"
Jahlab

"Je n'ai mis que 50 g de sucre et doublé les proportions de miel. Le cake est très moelleux !"
Noemie

Astuce : Vous pouvez ajouter 100 g de pépites de chocolat.

Miel (5 c. à soupe)
• Farine (250 g) • Sucre (80 g)
• Lait (20 cl)
• Levure chimique (1 sachet)
• Œufs (3) • Beurre (100 g
+ un peu pour le moule)
• Sucre vanillé (1 sachet)

Pépites de chocolat (250 g)
Sucre glace (150 g)
- Beurre (150 g + un peu pour le moule)
- Œufs (3)
- Farine (220 g)
- Levure chimique (1 sachet)

CAKE AUX PÉPITES DE CHOCOLAT

Pour 6 personnes
Préparation 15 min
Cuisson 45 min
Très facile
Coût

❶ Préchauffez le four à 180 °C (th. 6).

❷ Beurrez un moule à cake.

❸ Dans un saladier, **travaillez le beurre** préalablement **ramolli avec le sucre glace** à l'aide d'une maryse ou d'une cuillère en bois.

❹ **Ajoutez** progressivement **les œufs, la farine et la levure.**

❺ **Incorporez** enfin les pépites de chocolat.

❻ **Versez la pâte dans le moule.**

❼ **Enfournez** et laissez cuire **45 min** environ.

> Top des avis :
> "J'ai fait une variante marbrée en ajoutant 200 g de chocolat fondu à la moitié de la pâte, le gâteau était très bon."
> Anatalija
>
> "Génial ! J'ai mis des bonbons au caramel enrobés de chocolat à la place des pépites de chocolat." Gourmine
>
> "Très bonne recette, facile et rapide. J'ai remplacé le sucre glace par de la cassonade."
> Layala
>
> Astuce : Réalisez vos propres pépites de chocolat en concassant grossièrement du chocolat pâtissier.

recette proposée par
Alex_36

CAKE AUX SPÉCULOOS

Pour 6-8 personnes
Préparation 15 min
Cuisson 40 min
Très facile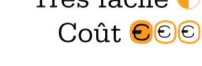
Coût

> Top des avis :
> "**J'ai utilisé du lait de noisette**, une petite saveur supplémentaire dans ce délicieux cake."
> hyvaaruokahalua
>
> "Excellent ! **J'ai ajouté des pépites de chocolat**". Del25ans
>
> "**J'ai fait tremper les spéculoos dans le lait**. De cette manière, il n'est pas nécessaire de les émietter."
> marmikok

Astuce : Vous pouvez remplacer les spéculoos par 70 g de pâte de spéculoos.

❶ Préchauffez le four à 180 °C (th. 6).

❷ Beurrez un moule à cake.

❸ **Pilez les spéculoos** de manière à obtenir une poudre fine.

❹ **Séparez les blancs des jaunes d'œuf.**

❺ Dans un saladier, **fouettez ensemble le beurre** préalablement **ramolli et le sucre**.

❻ **Incorporez les jaunes d'œuf, puis la farine, la levure, le lait et la poudre de spéculoos**.

❼ Dans un autre saladier, **montez les blancs d'œuf en neige ferme** avec 1 pincée de sel.

❽ **Incorporez-les à la préparation.**

❾ **Versez la pâte dans le moule et enfournez 40 min.**

❿ Sortez le plat du four et laissez reposer 5 min. Démoulez le cake sur une grille et laissez-le complètement refroidir avant de servir.

Spéculoos
(200 g)

- Farine (100 g) • Sucre (50 g)
- Beurre (100 g + un peu pour le moule) • Œufs (2) • Lait (20 cl)
- Levure chimique (1 sachet)
- Sel (1 pincée)

C'EST DU GÂTEAU !

Cake, c'est LE mot que Marmiton emporte partout dans ses bagages lorsqu'il part à l'étranger. Un mot simple qui vous ouvrira à coup sûr les portes de la gourmandise. Pour cause, c'est le mot anglais pour désigner les GÂTEAUX ! Vous comprenez notre enthousiasme… Rassurez-vous, vous ne serez pas obligé de faire vos valises pour goûter au plaisir de les manger, nous les avons réunis ici pour vous ! À vous de jouer ;-)

Chocolat noir pâtissier (225 g)
• Sucre (150 g) • Œufs (4 gros) • Beurre (130 g)
• Farine (pour le moule)

recette proposée par **Christelle_54**

GÂTEAU MOELLEUX CARAMEL ET CHOCOLAT

Pour 6 personnes
Préparation 30 min
Cuisson 25 min
Facile
Coût €€€

① Préchauffez le four à 180 °C (th. 6).

② **Faites fondre le chocolat** dans une casserole **au bain-marie.**

③ Dans une autre casserole, **préparez un caramel avec le sucre et un peu d'eau : laissez chauffer sur feu doux sans remuer jusqu'à obtenir une jolie couleur caramel.**

④ **Hors du feu, ajoutez petit à petit, en mélangeant bien, le beurre coupé en morceaux, le chocolat fondu puis les jaunes d'œuf un à un.**

⑤ Dans un saladier, **montez les blancs d'œuf en neige.**

⑥ **Incorporez-les délicatement à la préparation.**

⑦ **Beurrez et farinez un moule** à manqué ou rectangulaire de 22 cm **et versez-y la préparation.**

⑧ **Enfournez** et laissez cuire **25 min.**

⑨ Démoulez le gâteau encore chaud et dégustez-le froid.

Top des avis :
"Délicieux, **attention de ne pas trop faire roussir le caramel** car le goût serait alors trop fort. Tout le monde a adoré."
Amandine_199

"**Attention, au moment d'ajouter le beurre :** il ne doit pas être froid, sinon le choc thermique stoppe la cuisson et le beurre cristallise…"
Nanie

Réaliser un caramel à sec

Astuce : Utilisez du beurre demi-sel, le gâteau n'en sera que meilleur.

recette proposée par
Lnpetitefleur

PUDDING POMMES CHOCOLAT

Pour 6 personnes
Préparation 25 min
Cuisson 50 min
Repos 20 min
Très facile
Coût

> **Top des avis :**
> "J'ai réduit la quantité de sucre à 100 g et j'ai fait un caramel que j'ai versé sur le dessus du pudding après cuisson. Le croquant du caramel et le moelleux chocolaté du pudding sont un festival pour les papilles !" Laetitia_2161
>
> "Très bon pudding, seule variante, je n'avais plus de pommes, j'ai mis des poires à la place." Sandrine

Astuce : Pour varier, ajoutez des raisins secs préalablement trempés dans du rhum et un peu de cannelle.

① Préchauffez le four à 200 °C (th. 6-7).

② Beurrez un moule à manqué.

③ Épluchez et **coupez les pommes en dés.**

④ **Coupez le pain rassis en petits morceaux** et mettez-les dans un grand saladier.

⑤ **Chauffez le lait puis versez-le ainsi que le lait concentré sur le pain. Laissez tremper au moins 20 min** en prenant soin de mélanger de temps en temps pour que le pain soit bien imbibé.

⑥ **Ajoutez le sucre et les œufs, puis le chocolat cassé grossièrement en morceaux et les dés de pommes.**

⑦ **Versez le tout dans le moule.**

⑧ **Enfournez** et laissez cuire **50 min.**

Réaliser un pudding

Yaourt nature (1 pot)
Nutella (4 c. à soupe)
- Sucre (2 pots) • Farine (3 pots)
- Œufs (4)
- Sucre vanillé (1 sachet)
- Levure chimique (1 sachet)
- Huile (1 pot)
- Beurre

recette proposée par **caroline_1719**

GÂTEAU AU YAOURT ET AU NUTELLA

Pour 6 personnes
Préparation 10 min
Cuisson 40 min
Très facile 🙂
Coût €€€

❶ Préchauffez le four à 180 °C (th. 6).

❷ **Dans un saladier, versez le yaourt.** Conservez le pot car il servira de doseur pour les autres ingrédients.

❸ **Ajoutez les sucres, la farine, l'huile et les œufs ainsi que la levure.**

❹ **Mélangez** bien jusqu'à l'obtention d'une pâte lisse.

❺ Beurrez un moule rond ou à cake.

❻ **Versez une partie de la pâte dans le moule.**

❼ **Incorporez le Nutella à la seconde moitié de pâte.**

❽ **Versez la pâte au Nutella dans le moule.**

❾ **Enfournez** et laissez cuire **environ 40 min**.

>
> Top des avis :
> "Je l'ai fait sous forme de muffins avec à l'intérieur 1 c. à café de Nutella au lieu de le mélanger à la pâte. C'était très bon !" Helenelulu
>
> "J'ai mélangé le Nutella à la totalité de la pâte et j'ai ajouté de la poudre de noisettes pour accentuer le goût. À refaire sans hésiter." Corinne2537
>
> "Un conseil pour un gâteau bien moelleux : monter les blancs en neige !" valamoureusedelavie
>
> Astuce : Petite variante : vous pouvez remplacer le Nutella par 5 c. à soupe de pâte de spéculoos.

recette proposée par **Funambuline**

GÂTEAU À LA RICOTTA

Pour 6 personnes
Préparation 10 min
Cuisson 30 min
Très facile
Coût

❶ Préchauffez le four à 180 °C (th. 6).

❷ Dans un saladier, **mélangez la ricotta, les œufs, les sucres, la pincée de sel, la farine, la levure et l'huile.**

❸ Garnissez un moule rond de papier sulfurisé.

❹ **Versez la pâte dans le moule.**

❺ **Enfournez** et laissez cuire **30 min** environ.

❻ Dégustez froid.

Top des avis : "Très bon ! **J'ai ajouté des morceaux de pêche,** c'était excellent !" Rouliettedu34

"Pour ma part, **je l'ai fait avec moitié moins de sucre et j'ai ajouté une poignée de pralines** : un délice !" Gali77

"Gâteau rapide à faire et efficace. **Attention à le laisser refroidir afin qu'il durcisse.**" filizb

Astuce : Pour rendre le dessus du gâteau croustillant, saupoudrez-le légèrement de chapelure juste avant d'enfourner.

Ricotta (1 pot)
Citron (1)
- Œufs (2) • Sucre (1 pot)
- Farine (1 pot)
- Sucre vanillé (1 sachet)
- Sel (1 pincée)
- Levure chimique (1 sachet)
- Huile d'olive (1 c. à soupe)

Le pot de ricotta sert de mesure.

Pommes (3 ou 4)
Cerneaux de noix (75 g)
Cannelle en poudre (1 c. à café)
• Œufs (2) • Huile (20 cl)
• Sucre vanillé (1 sachet)
• Sucre (150 g) • Farine (250 g)
• Levure chimique (2 c. à café)
• Beurre

GÂTEAU POMMES, NOIX ET CANNELLE

Pour 6 personnes
Préparation 25 min
Cuisson 1 h
Très facile
Coût €€€

> Top des avis :
> "J'ai battu les blancs d'œuf en neige et remplacé 3 cl d'huile de tournesol par de l'huile de noix. J'ai également ajouté une poire (Durondeau) bien juteuse." Cici84
>
> "J'ai modifié le dosage du sucre et de l'huile (150 g de sucre et 10 cl d'huile), 2 c. à café de cannelle (question de goût) et une pointe de lait. Ce gâteau est merveilleux !" lana_del_svet

Astuce : Remplacez les pommes par la même quantité de pruneaux dénoyautés.

❶ Préchauffez le four à 180 °C (th. 6).

❷ Beurrez et farinez un moule à manqué ou à cake.

❸ Dans un saladier, **mélangez au fouet les œufs, l'huile, la cannelle, les sucres, puis la farine** préalablement **tamisée avec la levure.**

❹ Épluchez, évidez et **coupez les pommes en petits dés.**

❺ **Hachez les noix.**

❻ **Incorporez les pommes et les noix hachées à la pâte :** elle est alors très épaisse et difficile à travailler.

❼ **Versez la pâte** dans le moule.

❽ **Enfournez** et laissez cuire **1 h environ.**

GÂTEAU DE SEMOULE

Pour 6 personnes
Préparation 15 min
Cuisson 40 min
Facile
Coût

❶ Préchauffez le four à 180 °C (th. 6).

❷ Beurrez un moule rectangulaire.

❸ **Fendez la gousse de vanille** en deux puis, avec la lame d'un couteau, raclez-la **pour récupérer les graines.**

❹ Dans une casserole, **mettez le lait, le sucre, les graines et la gousse de vanille. Portez à ébullition.**

❺ Ôtez la gousse de vanille.

❻ **Versez la semoule en pluie dans le lait** puis mélangez à la cuillère en bois **pendant 5 à 10 min** à feu doux. Laissez gonfler un peu la semoule.

❼ Hors du feu, **incorporez les œufs.** Mélangez bien.

❽ **Versez la préparation dans le moule.**

❾ **Enfournez** et laissez cuire **30 min.**

Top des avis :
"Accompagné d'une compote de fruit frais, c'est un goûter idéal apprécié des petits comme des grands." vladilir

"J'ai ajouté des cacahuètes concassées et des abricots secs pour un gâteau de semoule « spécial petits sportifs ». Cuisson 25 min à 180 °C (th. 6) !" floguerin

"J'ai ajouté des raisins secs. Je l'ai fait cuire 20 min seulement dans des petits moules individuels. Résultat plus que parfait." sarita

Astuce : Pour une cuisson sans four, vous pouvez supprimer les œufs et laisser le gâteau prendre au réfrigérateur pendant 2 h.

Semoule fine (125 g)
Vanille (1 gousse)
• Lait (1 l)
• Sucre (150 g)
• Œufs (3)
• Beurre

Pour le gâteau :
Chocolat noir pâtissier (150 g)
Orange (1,5)
• Farine (250 g) • Sucre (250 g)
• Beurre (250 g + pour le moule)
• Levure chimique (1 sachet) • Œufs (4)

Pour le glaçage :
Orange (1)
Sucre glace (100 g)

recette proposée par
Auyo_1

MOELLEUX ORANGE ET CHOCOLAT

Pour 6 personnes
Préparation 40 min
Cuisson 45 min
Repos 5 h
Facile
Coût

Top des avis :
"Sublime mélange pour un dessert délicieux. **Je l'ai servi avec une crème anglaise maison.** Mes invités étaient enchantés. Merci." Ingrid_81

"Très simple et très bon. **Bien respecter les doses de jus d'orange,** il faut ça pour bien imbiber le gâteau."
Landrye

Astuce : Vous pouvez décorer le gâteau avec des rondelles d'orange confite ou encore des lamelles de mangue.

Préparer une orange

❶ Préchauffez le four à 180 °C (th. 6).

❷ Dans une terrine, **travaillez le beurre** préalablement **ramolli avec le sucre** jusqu'à ce que le mélange soit crémeux.

❸ **Ajoutez les œufs un à un, la farine, la levure, le zeste râpé des oranges et le jus d'une orange et demie. Mélangez bien.**

❹ **Hachez le chocolat.**

❺ **Versez une couche de pâte dans un moule à manqué beurré et fariné et saupoudrez la moitié du chocolat dessus.**

❻ **Ajoutez une deuxième couche de pâte, saupoudrez du reste de chocolat et recouvrez avec le reste de pâte. Enfournez pour 45 min.**

❼ Cinq minutes avant la fin de la cuisson, **mélangez le sucre glace avec le jus de la dernière orange** dans une casserole. **Faites chauffer jusqu'à ébullition.**

❽ **Aussitôt cuit, démoulez le gâteau et arrosez-le de sirop chaud.** Laissez-le s'imbiber puis **placez-le au réfrigérateur au moins 5 h.**

❾ Décorez le gâteau de petits dés d'orange confite ou de quartiers d'orange.

recette proposée par
Mumurielle

QUATRE-QUARTS

Pour 8 personnes
Préparation 15 min
Cuisson 30 min
Très facile
Coût €€€

> **Top des avis :**
>
> "Super recette ! **J'ai juste séparé la pâte en deux parts égales et ajouté du chocolat pâtissier fondu dans une des parties pour faire un quatre-quarts marbré !**"
> Meliangelo
>
> "**Les seules modifications que j'ai réalisées étaient de diminuer de moitié la quantité de beurre et de battre les blancs en neige.** C'est une recette que je compte bien garder !"
> ninis96
>
> "**J'y ai ajouté des épices, cannelle, muscade, vanille, zeste de citron, rhum planteur.** Un délice !"
> Poupousse

Astuce : Ajoutez un peu de jus de citron ou de jus d'orange à votre pâte.

1. Préchauffez le four à 180 °C (th. 6).

2. Dans un saladier, **fouettez le beurre** préalablement **ramolli avec le sucre et le sucre vanillé** à l'aide d'un fouet électrique.

3. **Ajoutez les œufs** un à un.

4. **Incorporez la farine et la levure.**

5. Beurrez et farinez un moule (à cake ou à savarin).

6. **Versez la préparation dans le moule.**

7. **Enfournez** et laissez cuire **30 min.**

8. Vérifiez la cuisson en plantant la lame d'un couteau au centre. Elle doit ressortir bien sèche. Dégustez froid.

- Beurre (250 g)
- Farine (250 g)
- Sucre (250 g) • Œufs (4)
- Sucre vanillé (2 sachets)
- Levure chimique (1 c. à café)

Crème de marrons vanillée (500 g)
Chocolat noir pâtissier (100 g)
• Œufs (3) • Beurre (100 g)
• Beurre + farine (pour le moule)

recette proposée par **Tiloui**

FONDANT À LA CRÈME DE MARRONS ET AU CHOCOLAT

Pour 6 à 8 personnes
Préparation 15 min
Cuisson 30 min
Facile
Coût

❶ Préchauffez le four à 150 °C (th. 5).

❷ Dans une casserole, **faites fondre le chocolat au bain-marie avec le beurre.** Mélangez jusqu'à obtenir une texture lisse et homogène.

❸ **Ajoutez la crème de marrons en fouettant.**

❹ Dans un bol, **battez les œufs et incorporez-les progressivement au mélange précédent** en remuant très vivement pour obtenir une préparation homogène.

❺ **Versez dans un moule à gâteau** préalablement **beurré et fariné.**

❻ **Enfournez** et laissez cuire **20 à 30 min.**

> Top des avis :
> "Encore meilleur le lendemain (s'il en reste) car c'est alors que l'on perçoit le mieux le goût du marron. Et il est toujours moelleux." Bermi
>
> "Super ! **Très bon équilibre entre le chocolat et le marron.** La prochaine fois, j'essaierai en montant les blancs en neige pour apporter un peu de volume."
> Marmitedebronze
>
> "Excellente recette. **Mieux vaut faire cuire un peu moins longtemps que trop** pour que le gâteau soit fondant."
> Carine_14

Astuce : Vous pouvez également réaliser cette recette en gâteaux individuels : surveillez alors la cuisson au bout de 15-20 min.

recette proposée par **Nanoumelie**

GÂTEAU MARBRÉ VANILLE ET CHOCOLAT

Pour 6 personnes
Préparation 20 min
Cuisson 30 min
Très facile
Coût

> Top des avis :
> "Agréablement surprise ! Cake très vite fait, très moelleux, vraiment bon…" Eliane_508
>
> "J'ai utilisé du chocolat dessert au lait, j'ai donc mis moins de sucre." Xavier_373
>
> "J'ai multiplié par trois les proportions pour l'anniversaire de ma fille. Ils ont tous adoré le gâteau !" virginiedetrait

Astuce : Pour encore plus de saveur, ajoutez les graines d'une demi-gousse de vanille à la pâte sans chocolat.

Réaliser un gâteau marbré

❶ Préchauffez le four à 200 °C (th. 6-7).

❷ Dans un saladier, **mélangez la farine, le sucre en poudre, la crème fraîche, les œufs, la levure et le sel.**

❸ **Faites fondre le chocolat noir avec le beurre coupés en morceaux,** au bain-marie ou au micro-ondes.

❹ **Divisez la pâte en deux et incorporez le chocolat fondu à une moitié.**

❺ **Beurrez un moule à gâteau** ou à cake ou recouvrez-le de papier sulfurisé. **Versez les deux pâtes en les alternant.**

❻ Saupoudrez de sucre vanillé et enfournez pour **25 à 30 min :** le gâteau est prêt quand la pointe du couteau en ressort sèche.

Chocolat noir pâtissier (100 g)
Crème fraîche épaisse (200 g)
• Farine (200 g) • Sucre (150 g)
• Œufs (3) • Levure chimique (1 sachet) • Beurre (40 g)
• Sucre vanillé (1 sachet)
• Sel (1 pincée)

Mascarpone
(125 g)
Huile essentielle de citron
(pour cuisine, 2 gouttes)
- Œufs (2) • Sucre (150 g)
- Farine (150 g) • Huile (5 cl)
- Levure chimique (1 sachet)
- Sucre vanillé (1 sachet)
- Beurre

recette proposée par
Capucine54

MOELLEUX AU MASCARPONE

Pour 6 personnes
Préparation 15 min
Cuisson 30 min
Très facile
Coût

① Préchauffez le four à 180 °C (th. 6).

② Beurrez un moule rond ou en forme de couronne.

③ **Battez énergiquement les œufs, le sucre et le sucre vanillé** dans un saladier jusqu'à ce que le mélange blanchisse. Sans cesser de battre, **incorporez le mascarpone, l'huile, la farine et la levure.**

④ **Ajoutez**, en dernier, **l'huile essentielle de citron.**

⑤ **Versez la pâte dans le moule.**

⑥ **Enfournez** et laissez cuire **30 min** environ.

⑦ À la sortie du four, attendez 5 min avant de démouler le gâteau.

Top des avis :
"Très moelleux, juste ce qu'il faut de sucre. **J'ai ajouté de l'essence de vanille, de la cannelle en poudre et un zeste de citron.**" Soshy972

"Excellent gâteau ! **J'ajoute un peu de chocolat dans la préparation, les enfants adorent.**" Myriamplanchais

"J'ai doublé les doses d'œufs et de farine pour utiliser les 250 g de mascarpone, je n'ai mis que 230 g de sucre, 1 c. à soupe d'huile et 1 sachet de levure, puis j'ai divisé la pâte, incorporé du chocolat fondu à l'une d'elles, et mis dans un moule à savarin. Cela a donné un gâteau exquis." daminoe

Astuce : Vous pouvez remplacer l'huile essentielle de citron par le jus d'un citron vert.

recette proposée par
Clementine_4

GÂTEAU AU CHOCOLAT DES ÉCOLIERS

Pour 6-8 personnes
Préparation 15 min
Cuisson 25 min
Très facile
Coût

Top des avis :
"**Un classique à la maison depuis qu'on l'a découvert !** Facile et inratable." Christine_174

"**J'ai doublé la quantité de chocolat** et c'est vraiment terrible !" Tchoupie06

"Excellent ! J'ai juste mis un peu moins de sucre et **j'ai ajouté de la noix de coco râpée.**" Chouchounette64

<u>Astuce :</u> Pour un démoulage facile, garnissez le moule d'une feuille de papier sulfurisé, en la laissant dépasser largement.

❶ Préchauffez le four à 180 °C (th. 6).

❷ **Beurrez et farinez un moule à manqué.**

❸ **Faites fondre le chocolat** au bain-marie ou au micro-ondes. Si vous le faites fondre au micro-ondes, ajoutez 3 c. à soupe d'eau.

❹ **Ajoutez le beurre coupé en morceaux et mélangez bien pour qu'il fonde complètement.**

❺ Dans un saladier, **fouettez les œufs et le sucre puis incorporez la levure et la farine.**

❻ **Versez le chocolat fondu et mélangez** jusqu'à l'obtention d'une pâte homogène.

❼ **Versez la préparation dans le moule.**

❽ **Enfournez** et laissez cuire **25 min** (adaptez le temps de cuisson pour obtenir un cœur plus ou moins fondant).

Chocolat noir pâtissier (200 g)
- Œufs (4) • Beurre (125 g)
- Sucre (200 g)
- Farine (100 g)
- Levure chimique (1 sachet)

Potiron (350 g)
Fromage blanc (100 g)
Pépites de chocolat (150 g)
Vanille en poudre (1 c. à café)
- Beurre (125 g) • Sucre (200 g)
- Œufs (2)
- Levure chimique (3 c. à café)
- Farine (250 g)
- Sel (1 pincée)

recette proposée par
Damien_19

PAVÉ DE POTIRON AU CHOCOLAT

Pour 8 personnes
Préparation 30 min
Cuisson 1 h 20
Facile
Coût

> **Top des avis :**
>
> "Excellent pavé. **Cassez la croûte avant d'ajouter les éclats de chocolat.**"Joséphine_108
>
> "Délicieux ! **J'ai utilisé des pépites de chocolat au lait, top !** J'ai cuit mon potiron au cuit-vapeur 20 min pour qu'il soit facile à écraser."wajekol
>
> "Divin. **À déguster tiède ou froid.**"Jocelyn_3

Astuce : Pour une purée bien fine, utilisez un moulin à légumes.

❶ Préchauffez le four à 165 °C (th. 5-6).

❷ Beurrez un moule à cake.

❸ Épluchez et **coupez le potiron en dés puis faites-le cuire 10 min** dans de l'eau à la cocotte-minute.

❹ Dans un saladier, **travaillez le beurre et le sucre à l'aide d'une spatule. Ajoutez ensuite les œufs et le sel.**

❺ Dans un bol, **mélangez la levure avec le fromage blanc puis incorporez-les à la préparation** beurre-sucre-œufs.

❻ Une fois cuits, **égouttez les dés de potiron et écrasez-les à la fourchette.**

❼ **Incorporez la purée de potiron et la vanille à la préparation. Versez progressivement la farine** puis mélangez bien de manière à obtenir une pâte homogène.

❽ **Versez la préparation dans le moule. Enfournez** et laissez cuire **20 min.**

❾ Sortez le gâteau du four et **enfoncez les pépites de chocolat dans la pâte** qui commence juste à prendre. **Enfournez de nouveau** et laissez cuire encore environ **1 h.**

recette proposée par **AnneLise_165**

GÂTEAU D'ANNIVERSAIRE AU CHOCOLAT

Pour 8 personnes
Préparation 30 min
Cuisson 25 min
Facile
Coût

Top des avis :
"On peut faire varier la cuisson en fonction de ses préférences, d'un milieu coulant à une pâte très tendre. **Il est préférable de placer le gâteau dans le haut du four (si l'on recherche un milieu coulant) afin de pouvoir démouler le gâteau sans que la croûte du dessus ne se brise.**" Ccbataille

"Vraiment très bon, les enfants ont adoré ! **J'avais décoré le gâteau avec des Smarties sur le glaçage.**" France185

Astuce : Vous pouvez aussi réaliser un glaçage blanc avec du chocolat blanc.

Écrire sur un gâteau

❶ Préchauffez le four à 150 °C (th. 5).

❷ Beurrez un moule à manqué.

❸ Dans un saladier, **mélangez le sucre et la farine. Creusez un puits et cassez-y les œufs.** Fouettez jusqu'à l'obtention d'un mélange homogène.

❹ Dans une casserole, **faites fondre** au bain-marie **le chocolat cassé en morceaux et le beurre coupé en dés** sur feu doux.

❺ Incorporez le chocolat fondu au mélange sucre-farine-œufs petit à petit et sans cesser de remuer.

❻ Versez le tout dans le moule et enfournez pour **25 min** environ. Laissez tiédir avant de démouler.

❼ Préparez le glaçage : dans une casserole, **faites fondre le chocolat cassé en petits morceaux avec le beurre.**

❽ Ajoutez le sucre glace tout en mélangeant vigoureusement, puis l'eau froide. Laissez tiédir le glaçage avant de l'étaler sur le gâteau à l'aide d'une spatule.

❾ Pour la décoration : **parsemez le gâteau de noix de coco en poudre et de billes en sucre colorées.**

Pour le gâteau :
Chocolat noir pâtissier (200 g)
• Œufs (6) • Sucre (200 g)
• Beurre (180 g) • Farine (80 g)

Pour le glaçage :
Chocolat noir pâtissier (100 g)
• Beurre (30 g) • Sucre glace (3 c. à soupe)
• Eau (3 c. à soupe)

Pour la décoration :
Billes en sucre colorées
Noix de coco en poudre

Nutella
(100 g)
Rhum
(4 c. à soupe)
• Œufs (3) • Farine (80 g)
• Sucre (100 g)
• Sucre glace

GÂTEAU ROULÉ AU NUTELLA

Pour 6-8 personnes
Préparation 20 min
Cuisson 10 min
Facile
Coût

> Top des avis :
> "Excellente recette ! **J'ai juste mis 4 œufs à la place de 3 et 80 g de sucre au lieu de 100 g.**"
> Gigimagic_77
>
> "Après la cuisson, j'ai retourné la pâte sur un torchon humide pour la rouler plus facilement. J'ai également fait une ganache au chocolat pour recouvrir le dessus, et ajouté des Smarties."
> natou071

Astuce : Saupoudrez le Nutella de noix de coco en poudre avant de rouler le gâteau.

Réaliser un gâteau roulé

❶ Préchauffez le four à 180 °C (th. 6).

❷ **Séparez les blancs des jaunes d'œuf.**

❸ **Montez les blancs d'œuf en neige.**

❹ Dans un saladier, **fouettez le sucre et les jaunes d'œuf** jusqu'à ce que le mélange blanchisse.

❺ **Ajoutez la farine** et mélangez fermement.

❻ **Incorporez délicatement les blancs en neige.**

❼ Garnissez une plaque de 20 x 30 cm de papier sulfurisé.

❽ **Étalez la pâte sur la plaque** de manière uniforme.

❾ **Enfournez** et laissez cuire **10 min**.

❿ Dans une casserole, **faites chauffer le Nutella à feu très doux** pour qu'il soit plus maniable.

⓫ **Sortez la génoise du four et posez-la avec le papier sulfurisé sur un torchon humide.**

⓬ **Badigeonnez la génoise de rhum puis tartinez-la de Nutella.**

⓭ **Roulez la génoise** dans le sens de la largeur, le papier se détachera au fur et à mesure que vous roulerez.

⓮ Saupoudrez le roulé de sucre glace. Il se conserve jusqu'à 2 jours dans un endroit frais et sec.

FONDANT AU CITRON

Pour 6 personnes
Préparation 20 min
Cuisson 30 min
Facile
Coût

> Top des avis :
> "Un conseil : **essayez avec du citron vert, c'est un régal !**"
> Anne_2630
>
> "Ce fondant est excellent. **Je l'ai laissé tiédir et j'ai ajouté au centre et sur le dessus une crème légère au citron faite maison et bien fraîche.** J'ai décoré le tout de zestes de citrons vert et jaune et je l'ai servi en petites parts avec une salade d'oranges. Mes invités ont été stupéfiés." paillet06
>
> "Un moelleux sans pareil, **encore meilleur le lendemain !**"
> mannick_s

Astuce : Ajoutez 2 c. à café de graines de pavot dans le glaçage.

① Préparez le gâteau : préchauffez le four à 160 °C (th. 5-6).

② Beurrez un moule.

③ Dans un saladier, **mélangez le beurre** préalablement **ramolli et le sucre** à l'aide d'une spatule.

④ **Ajoutez les œufs** un à un.

⑤ **Incorporez la farine, le zeste du citron, le jus de la moitié du citron et la levure.** Mélangez bien.

⑥ **Versez la pâte dans le moule et enfournez** pour **30 min.**

⑦ Sortez le gâteau du four, démoulez-le sur un plat de service.

⑧ Préparez le glaçage : dans un bol, **mélangez vivement le sucre glace et le jus de citron** de manière à obtenir une crème épaisse mais coulante.

⑨ **Étalez la moitié du glaçage sur le gâteau** encore chaud.

⑩ **Laissez complètement refroidir le gâteau puis étalez le reste du glaçage** dessus.

⑪ Servez bien frais.

Pour le gâteau :
Citron non traité (1)
• Beurre (120 g) • Sucre (120 g)
• Farine (120 g) • Œufs (2)
• Levure chimique (½ sachet)

Pour le glaçage :
Jus de citron (4 c. à soupe)
Sucre glace (150 g)

Chocolat noir pâtissier (200 g)
- Farine (125 g)
- Beurre (125 g)
- Sucre (250 g) • Œufs (4)
- Levure chimique (½ sachet)

MOELLEUX AU CHOCOLAT

Pour 6 personnes
Préparation 10 min
Cuisson 35 min
Très facile 🙂
Coût €€€

1. Préchauffez le four à 180 °C (th. 6).
2. **Faites fondre le chocolat** dans une grande casserole, avec un peu d'eau.
3. **Hors du feu, ajoutez le beurre, la farine et la levure.**
4. Séparez les blancs des jaunes d'œuf.
5. Dans un saladier, **fouettez les jaunes d'œuf, le sucre et un peu d'eau de manière à obtenir un mélange mousseux puis ajoutez-le à la préparation chocolatée.**
6. **Battez les blancs d'œuf en neige puis incorporez-les** délicatement à la préparation.
7. **Versez le tout dans un moule à bord haut préalablement beurré et enfournez** pour environ **35 min.**
8. On peut saupoudrer le gâteau de sucre glace ou le recouvrir de chocolat fondu, pour la décoration.

> **Top des avis :**
> "Pour changer, **je mets du chocolat praliné avec un peu de lait au lieu du chocolat noir et je mets 100 g de sucre.** Résultat moelleux et fondant." Ninouch92000
>
> "Très bonne recette, **j'ai rajouté 1 c. à soupe de menthe fraîche pour faire ressortir le bon goût du chocolat.**" shahifene
>
> "J'ai réalisé cette recette **avec 100 g de sucre, du praliné à la place du chocolat et des amandes effilées sur le dessus** : un délice ! Gâteau extra moelleux !" shahifene

Astuce : Ajoutez des pépites chunks dans la pâte.

GÂTEAU AUX POMMES

Pour 4-6 personnes
Préparation 15 min
Cuisson 50 min
Très facile
Coût

❶ Préchauffez le four à 160 °C (th. 5-6).

❷ Dans un saladier, **mélangez les sucres, les œufs, la levure, la farine et l'huile.**

❸ Pelez, évidez et **coupez les pommes en petits morceaux.**

❹ **Ajoutez-les à la pâte et mélangez.**

❺ **Versez la pâte dans un moule à gâteau** préalablement beurré.

❻ **Enfournez** et laissez cuire **40 à 50 min.**

Top des avis :
"J'ai ajouté 4 c. à soupe de poudre de noisettes et un petit bouchon de Cointreau. C'était excellent !" Guenerie

"J'ai saupoudré les morceaux de pommes de cannelle !"
Mimilune88

La recette filmée

Astuce : Pour une croûte caramélisée, saupoudrez le dessus du gâteau de cassonade juste avant d'enfourner.

Pommes (3 ou 4)
- Sucre (220 g)
- Sucre vanillé (1 sachet)
- Œufs (3)
- Levure chimique (½ sachet)
- Farine (125 g)
- Huile (10 cl) • Beurre

Ananas en tranches au sirop (500 g)
Rhum (1 c. à café)
Citron (1)
• Œufs (4) • Sucre (150 g)
• Beurre (150 g) • Farine (250 g)
• Levure chimique (1 sachet)

Pour le caramel :
• Sucre (125 g)
• Eau (4 c. à soupe)

GÂTEAU À L'ANANAS

Pour 6-8 personnes
Préparation 30 min
Cuisson 50 min
Facile
Coût

> **Top des avis :**
> "Je l'ai servi avec de la crème chantilly et des fraises. Un vrai succès !" S9140
>
> "J'ai mis tout le jus d'ananas dans la pâte et j'ai ajouté des tranches de citron vert bio dans le fond du moule en plus des ananas. Comme il me restait de la pâte, j'en ai fait un autre avec uniquement de la noix de coco râpée sur le fond." mimi64240

Astuce : Ajoutez de la noix de coco en poudre dans la pâte.

 La recette filmée

❶ Beurrez un moule rond.

❷ **Égouttez les tranches d'ananas** et conservez le sirop.

❸ Préparez le caramel : **faites fondre le sucre avec l'eau** dans une petite casserole sur feu doux puis **laissez chauffer jusqu'à l'obtention d'un joli caramel doré** en remuant la casserole de temps en temps (ne remuez pas à la cuillère).

❹ **Versez le caramel dans le moule** et répartissez-le bien.

❺ Préchauffez le four à 180 °C (th. 6).

❻ **Posez sur le caramel les tranches d'ananas** pour recouvrir le fond du moule, sans les faire se chevaucher.

❼ **Mixez les tranches d'ananas restantes.**

❽ Dans un saladier, **fouettez les œufs avec le sucre** jusqu'à ce que le mélange blanchisse.

❾ **Incorporez le beurre** préalablement **coupé en dés, la farine, la moitié du rhum, le jus du citron, la levure et la purée d'ananas.**

❿ **Versez la pâte dans le moule**, sur les tranches d'ananas.

⓫ **Enfournez** et laissez cuire **45 à 50 min**.

⓬ Laissez tiédir le gâteau avant de le démouler.

⓭ **Mélangez le reste du rhum et le sirop d'ananas.**

⓮ **Arrosez le gâteau de ce mélange** pour qu'il soit bien imbibé.

recette proposée par
Capucine_5

MOELLEUX AU CHOCOLAT ET AU GINGEMBRE

Pour 6 personnes
Préparation 15 min
Cuisson 20 min
Très facile 🙂
Coût €€€

① Préchauffez le four à 150 °C (th. 5).

② Chemisez un moule de papier sulfurisé.

③ **Coupez le gingembre confit en morceaux.**

④ Dans une casserole, **cassez le chocolat en morceaux et faites-le fondre au bain-marie.**

⑤ Dans un bol, **battez les œufs** à la fourchette.

⑥ **Fouettez le beurre** préalablement **ramolli et le sucre** dans un saladier **jusqu'à ce que la préparation blanchisse.**

⑦ **Ajoutez la farine, la cannelle et la levure puis les œufs battus, le gingembre et le zeste de citron.**

⑧ **Incorporez le chocolat** en remuant vivement.

⑨ **Versez la pâte dans le moule et enfournez** pour **20 min :** la pâte doit rester souple.

⑩ Laissez reposer le gâteau 5 min avant de le démouler. Savourez-le tiède ou à température ambiante.

Top des avis :
"Un vrai délice, **je l'ai fait cuire 25-30 min et il était quand même bien fondant au centre.** Une des meilleures recettes de gâteau au chocolat !"
Damcar

"**Fabuleux ! Citron vert + gingembre = fête des papilles !** De plus, le côté moelleux, cuit mais pas vraiment, est un délice. À refaire."
Stephanie_1350

Préparer du gingembre

Astuce : Vous pouvez remplacer le gingembre confit par du gingembre frais râpé ou du gingembre en poudre (3 c. à café).

Chocolat noir pâtissier (200 g)
Gingembre confit (30 g)
Zeste de citron vert (1)
Cannelle en poudre (½ c. à café)
• Œufs (4) • Beurre (150 g)
• Sucre (150 g) • Farine (50 g)
• Levure chimique (½ sachet)

Rhubarbe
(500 g)
- Sucre (200 g)
- Œufs (4) • Farine (160 g)
- Sucre vanillé (1 sachet)
- Levure chimique (½ c. à café)
- Sucre glace
- Beurre

MOELLEUX À LA RHUBARBE

Pour 6-8 personnes
Préparation 25 min
Cuisson 35 min
Facile
Coût €€€

> **Top des avis :**
> "J'ai ajouté une pomme et fait une légère compotée avant d'associer les fruits à l'appareil. C'est parfait." Eponabruno
>
> "Gâteau très léger et moelleux. Je l'ai par contre cuit pendant 40 min à 180 °C (th. 6) dans un four à chaleur tournante et **j'ai, par gourmandise, rajouté du chocolat blanc fondu à la pâte ainsi que des amandes effilées sur le dessus avant de saupoudrer de sucre vanillé.**" doro_6

<u>Astuce</u> : Mélangez la rhubarbe avec des framboises fraîches.

Préparer la rhubarbe

① Lavez la rhubarbe puis **coupez-la en tronçons de 1 cm de long.**

② Faites bouillir de l'eau dans une grande casserole puis **plongez-y les tronçons de rhubarbe et faites-les blanchir 2 min.** Égouttez-les.

③ Préchauffez le four à 210 °C (th. 7).

④ **Beurrez un moule à gâteau.**

⑤ **Dans un saladier, cassez les œufs et versez le sucre.**

⑥ Placez le saladier au-dessus d'une casserole d'eau (le saladier ne doit pas toucher l'eau).

⑦ Faites chauffer à feu doux et **fouettez le mélange jusqu'à ce qu'il ait doublé de volume.**

⑧ Retirez le saladier du feu et **incorporez délicatement la farine et la levure chimique.**

⑨ **Versez la pâte dans le moule et répartissez les tronçons de rhubarbe** dessus.

⑩ **Saupoudrez avec le sucre vanillé.**

⑪ **Enfournez** et laissez cuire **35 min**.

⑫ Sortez le gâteau du four, laissez-le refroidir puis démoulez-le et saupoudrez-le de sucre glace avant de déguster.

GÂTEAU CHOCOLAT PRALINÉ

Pour 6 personnes
Préparation 20 min
Cuisson 25 min
Très facile
Coût

❶ Préchauffez le four à 180 °C (th. 6).

❷ Dans une casserole, **faites fondre le chocolat au bain-marie avec le beurre coupé en morceaux et l'eau.**

❸ Dans un saladier, **battez les œufs.**

❹ **Ajoutez le sucre en poudre, le pralin, la farine et la levure. Mélangez.**

❺ **Versez le chocolat fondu sur le mélange à base d'œufs. Mélangez** jusqu'à l'obtention d'une pâte homogène.

❻ **Versez la préparation dans un moule à manqué beurré.**

❼ **Enfournez** et laissez cuire **25 min** environ.

Top des avis :

"Texture fondante mais pas trop coulante, **goût extraordinaire, simplicité et rapidité...** Que du plus !" Jennifer02

"Excellente recette. Je n'avais pas assez de pralin alors **j'ai complété avec de la poudre de noisettes.** Super facile et super bon !" Tikaro

"Recette à refaire, c'est un régal ! **Je mélange d'abord les jaunes avec le sucre puis je rajoute les blancs montés en neige !**" LN_5

Astuce : Vous pouvez remplacer le chocolat et le pralin par de la Pralinoise, en même quantité.

Chocolat noir pâtissier (200 g)
Pralin (100 g)
• Œufs (3) • Beurre (150 g)
• Sucre (100 g) • Farine (50 g)
• Eau (2 c. à soupe)
• Levure chimique (½ sachet)

Bananes (2)
Pépites de chocolat (125 g)
Cannelle en poudre (1 bonne pincée)
• Œufs (2) • Sucre (75 g)
• Beurre (100 g) • Farine (100 g)
• Levure (½ sachet)
• Sucre vanillé (1 sachet)

recette proposée par
Bernadette_46

GÂTEAU AUX BANANES ET PÉPITES DE CHOCOLAT

Pour 4-6 personnes
Préparation 15 min
Cuisson 30 min
Très facile
Coût

Top des avis :
"Très bon, léger et facile à faire. **J'utilise de la poudre de chocolat à la place des pépites en veillant à diminuer la quantité de sucre.** Résultat : tout le monde se régale à chaque fois." Haingobe

"J'ai réalisé ce gâteau en le modifiant légèrement : **j'ai fait une couche de pâte banane/vanille, puis au-dessus une couche banane/chocolat** (en mélangeant le chocolat fondu à la pâte). C'était vraiment un délice ! Très moelleux, juste ce qu'il faut de sucre." Okashi

Astuce : Utilisez des bananes bien mûres.

❶ Préchauffez le four à 180 °C (th. 6).

❷ Beurrez un moule à gâteau.

❸ **Faites fondre le beurre** dans une petite casserole ou au micro-ondes.

❹ Dans un saladier, **mélangez les œufs avec le sucre, le beurre fondu, la farine, la levure et la cannelle.**

❺ Épluchez et **coupez 1 banane en rondelles.**

❻ Ajoutez les rondelles de banane et les pépites de chocolat à la pâte.

❼ Versez la pâte dans le moule.

❽ **Disposez sur le dessus de la pâte la seconde banane** préalablement épluchée et **coupée en fines rondelles, puis saupoudrez de sucre vanillé.**

❾ **Enfournez** et laissez cuire **30 min** : le gâteau doit être moelleux et doré.

recette proposée par
Roxanne

GÂTEAU AUX CAROTTES

Pour 4 personnes
Préparation 30 min
Cuisson 1 h
Très facile
Coût

❶ Préchauffez le four à 150 °C (th. 5).

❷ Beurrez un moule à cake.

❸ **Faites fondre le beurre.**

❹ Épluchez et **râpez les carottes**.

❺ Dans un saladier, **fouettez les œufs avec le sucre.**

❻ Quand le mélange double de volume et devient mousseux, **ajoutez peu à peu la farine et le beurre fondu** tout en continuant de fouetter.

❼ Incorporez ensuite la cannelle, la levure puis les carottes râpées et les noix sans cesser de fouetter.

❽ **Versez la préparation dans le moule.**

❾ **Enfournez** et laissez cuire **1 h**. Laissez tiédir avant de démouler.

Top des avis :
"Un pur délice ! **J'ai mis un mélange d'épices pour pain d'épices et j'ai remplacé les noix par des morceaux de chocolat noir** pour plus de gourmandise." Laure_1603

"À la place des noix, j'ai mis des noix de pécan, des amandes effilées et des raisins secs."
Koukermoutha

La recette filmée

Astuce : Pour varier, vous pouvez remplacer les noix par des amandes ou de la noix de coco en poudre.

Carottes (250 g)
Cerneaux de noix concassés (60 g)
Cannelle en poudre (½ c. à café)
• Œufs (2) • Beurre (125 g)
• Farine (200 g) • Sucre (125 g)
• Levure chimique (1 sachet)

Chocolat noir pâtissier (125 g)
- Beurre (125 g)
- Sucre (125 g)
- Farine (50 g)
- Œufs (3)

recette proposée par **Lyam**

PAVÉ AU CHOCOLAT

Pour 6 personnes
Préparation 15 min
Cuisson 15 min
Très facile
Coût €€€

❶ Préchauffez le four à 160 °C (th. 5-6).

❷ Dans une casserole, **faites fondre le chocolat et le beurre coupés en morceaux.**

❸ Dans un saladier, **mélangez le sucre et les œufs.**

❹ **Ajoutez le mélange chocolat-beurre fondu et la farine.** Remuez bien.

❺ **Beurrez un moule carré, versez-y la pâte et enfournez pour 15 min.**

❻ Dès la sortie du four, découpez le gâteau en petits carrés. Laissez-les refroidir avant de déguster.

❝ Top des avis :
"C'était très bon. **J'ai ajouté des amandes effilées.** Un gâteau très facile à faire : à refaire donc sans modération !" Claudie_80

"**Ma recette fétiche. Je mets un peu plus de chocolat et fais cuire dans des moules individuels en silicone.** Je laisse refroidir un peu avant de démouler : cuit à l'extérieur, fondant à l'intérieur !" Pcdb

"Très bon. **Avec 18 min de cuisson et une bonne crème anglaise maison !**" marie_578 ❞

Astuce : Pour varier, vous pouvez ajouter des noix de pécan ou des petits morceaux de banane.

UNE BOUCHÉE, MIAM !

Parce qu'il est tout à fait recommandé de se faire des petits plaisirs en solitaire (ou à plusieurs, c'est autorisé), voici des recettes qui ne manqueront pas de démontrer une fois de plus qu'il s'en passe des choses dans nos cuisines. Ces petits cakes ont une fâcheuse tendance à disparaître plus vite qu'ils ont été préparés. Et pour cause, ils ont de sacrés arguments en termes de gourmandise ! On vous laisse faire connaissance…

Crème de marrons (500 g)
• Beurre (100 g)
• Œufs (4)

recette proposée par **NatdeLyon**

MOELLEUX À LA CRÈME DE MARRONS

Pour 6 personnes
Préparation 10 min
Cuisson 45 min
Très facile
Coût

> **Top des avis :**
> "Génialissime avec de la chantilly, tout le monde en redemande !" Djebelle
>
> "Un bon moelleux avec un délicieux goût de châtaigne mais **j'ai ajouté 2 c. à soupe de farine.**" pommesylvie
>
> "**J'ai légèrement nappé mon moelleux de caramel liquide et parsemé de pralin.** Un vrai succès !" kamisha
>
> "Excellent… **J'ai ajouté au fond du moule des pommes revenues dans le beurre (façon tarte Tatin).**" kamisha

Astuce : Pour un goût plus prononcé, ajoutez quelques brisures de marrons glacés dans la pâte.

❶ Préchauffez le four à 150 °C (th. 5).

❷ **Faites fondre le beurre** dans une petite casserole ou au micro-ondes.

❸ **Séparez les blancs des jaunes d'œuf.**

❹ Dans un saladier, **mélangez le beurre fondu avec la crème de marrons et les jaunes d'œuf.**

❺ **Battez les blancs d'œuf en neige ferme.**

❻ **Incorporez les blancs en neige** à la préparation.

❼ **Versez votre préparation dans des moules individuels** préalablement beurrés.

❽ **Enfournez** et laissez cuire **45 min**.

recette proposée par **Jeanne**

MUFFINS À LA FRAMBOISE

Pour 12 muffins
Préparation 10 min
Cuisson 20 min
Très facile 🙂
Coût 🙂🙂🙂

❶ Préchauffez le four à 180 °C (th. 6).

❷ Préparez le mélange humide : dans un saladier, **battez les œufs et le sucre** jusqu'à ce que le mélange blanchisse.

❸ **Ajoutez les autres ingrédients** en incorporant le beurre préalablement ramolli et en dernier les framboises.

❹ Dans un autre saladier, préparez le mélange sec : **mélangez la farine, la levure et le sel**.

❺ **Versez le mélange humide sur le mélange sec**. Mélangez avec une cuillère en bois : la pâte ne doit pas être lisse, il peut rester des grumeaux.

❻ **Versez la pâte dans des moules à muffin** préalablement **beurrés**.

❼ **Enfournez** et laissez cuire **15 à 20 min**.

Top des avis :
"N'ayant pas de framboises, j'ai mis un mélange de fruits rouges surgelés. C'était délicieux." Pocaphie

"Trop bon ! Je mets un peu de sucre roux et, **quand je n'ai pas de confiture de fruits rouges, je mets un peu de sirop de grenadine.**" 13so66

"Délicieux, **j'ai remplacé les framboises par 2 grosses c. à soupe de confiture de groseilles maison.**" Marjodu61

Astuce : Pour un cœur fondant, ne mélangez pas la confiture à la pâte, versez-en ½ c. à café dans chaque moule juste avant d'enfourner.

Pour le mélange humide :
Cassonade (50 g)
Framboises fraîches ou surgelées (200 g)
Confiture de framboises ou de mûres (2 c. à soupe)
• Œufs (2) • Sucre (150 g) • Beurre (100 g)

Pour le mélange sec :
• Farine (250 g)
• Levure chimique (1 sachet)
• Sel (1 pincée)

Chocolat noir pâtissier (70 g)
Cacao en poudre (70 g)
Arôme vanille (1 c. à café)
Bicarbonate de soude (½ c. à café)
• Beurre (120 g) • Farine (110 g)
• Levure chimique (¾ de c. à café)
• Œufs (2) • Sucre (100 g)
• Crème fraîche (12 cl)
• Sel (½ c. à café)

recette proposée par
Odile_201

CUPCAKES AU CHOCOLAT

Pour 20 cupcakes
Préparation 20 min
Cuisson 15 min
Très facile
Coût

① Préchauffez le four à 180 °C (th. 6)

② Dans une casserole, **faites fondre le beurre, le chocolat noir et le cacao. Fouettez bien.**

③ Dans un bol, **mélangez la farine, le bicarbonate et la levure.**

④ Dans un autre bol, **mélangez les œufs, le sucre en poudre, l'arôme vanille et le sel.** Fouettez bien.

⑤ **Ajoutez le mélange au chocolat.**

⑥ **Incorporez ensuite un tiers du mélange à base de farine.** Fouettez bien **puis ajoutez la crème fraîche et, en dernier, le reste du mélange.**

⑦ **Versez cette pâte dans des caissettes en papier jusqu'à mi-hauteur et enfournez pour une quinzaine de minutes.**

Top des avis :
"Super, simples et excellents ! **J'ai remplacé le chocolat par des pépites de chocolat !** En tout cas, recette à garder, les cupcakes sont extra moelleux." Popchoco

"Ils sont superbes, sublimes et surtout très bons... **J'ai fait un nappage au caramel et c'était excellent !** J'ai rajouté des petits sucres décoratifs... « so american »." Kchou

Astuce : Pour glacer vos cupcakes, fouettez 80 g de beurre mou, 1/3 de c. à café d'arôme vanille, 120 g de sucre glace et une pincée de sel. Ajoutez 1 c. à soupe de crème fraîche liquide ou épaisse et fouettez de plus en plus fort pendant 4-5 min.

Nappez les cupcakes avec ce glaçage puis mettez-les au frais au moins 1 h. On peut ajouter, avant de servir, des copeaux de chocolat, des petits bonbons…

recette proposée par **Phanieflo**

MUFFINS AUX MYRTILLES

Pour 20 petits muffins
Préparation 15 min
Cuisson 30 min
Très facile 🙂
Coût €€€

❶ Préchauffez le four à 180 °C (th. 6).

❷ **Faites fondre le beurre.**

❸ Dans un saladier, **mélangez le beurre fondu, l'œuf et le lait.**

❹ Dans un autre saladier, **mélangez le sucre, la farine, le sel et la levure.**

❺ **Mêlez grossièrement les deux mélanges** sans trop remuer : il faut laisser des grumeaux.

❻ **Ajoutez les myrtilles** encore surgelées. Mélangez bien.

❼ **Remplissez les moules à muffin** préalablement **beurrés aux trois quarts de pâte.**

❽ **Enfournez** et laissez cuire **25 à 30 min** jusqu'à ce que les muffins soient dorés.

Top des avis :
"Très bon et très facile. **J'ai ajouté deux sachets de sucre vanillé et je n'ai mis que 200 g de myrtilles surgelées.**"
Miroslav

"Fait avec des myrtilles fraîches, recette parfaite, moelleuse et pas trop sucrée. Je recommence dès demain avec des pommes !"
unpetitcaillou

"J'ai utilisé des fraises à la place des myrtilles et j'ai ajouté des pépites de chocolat blanc…"
m8bou

Astuce : À défaut de myrtilles, utilisez un mélange de fruits rouges surgelés.

Myrtilles surgelées (230 g)
• Sucre (180 g) • Beurre (25 g)
• Œuf (1) • Lait (12,5 cl)
• Farine (230 g) • Sel (1 pincée)
• Levure chimique
(1 c. à café rase)

Chocolat noir pâtissier (165 g)
Poudre d'amandes (65 g)
Noisettes concassées (65 g)
• Beurre (130 g) • Sucre (130 g)
• Œufs (3)

recette proposée par **Guigue70**

MINI MUFFINS CHOCO-NOISETTES

Pour 20 mini muffins
Préparation 15 min
Cuisson 15 min
Très facile
Coût €€€

1. Préchauffez le four à 180 °C (th. 6).
2. Au bain-marie, **faites fondre le chocolat cassé en morceaux avec le beurre** préalablement coupé en dés dans une casserole.
3. Une fois le tout bien fondu, **remuez à l'aide d'une spatule**. Versez-le dans un saladier.
4. **Ajoutez le sucre, les œufs entiers, la poudre d'amandes et les noisettes concassées**. Mélangez.
5. **Versez la préparation dans des moules à mini muffin et enfournez pour 15 min**.
6. Quand les muffins sont tièdes, démoulez-les.

Top des avis:
"Bravo ! **J'en ai même fait avec de la noix de coco**. Excellent, merci !" Romaralex

"C'était vraiment bien, le moelleux et le fondant en même temps. **La proportion des ingrédients dans cette recette est parfaite : rien à ajouter ni à enlever.**" Brimbelle

"**Pour ma part, je les ai faits dans des caissettes en papier et c'est génial** pour l'esthétique, le transport et la dégustation… qui fut rapide." Marina_6

Astuce : Vous pouvez remplacer les noisettes concassées par de la poudre de noisettes et/ou ajouter des pépites de chocolat.

MADELEINES AU CHOCOLAT

recette proposée par Mili2201

Pour 20 madeleines
Préparation 15 min
Cuisson 12 min
Repos 30 min
Très facile ●
Coût €€€

1. Préchauffez le four à 220 °C (th. 7-8).
2. Dans un saladier, **battez les œufs avec le sucre** jusqu'à ce que le mélange mousse. **Ajoutez la farine et la levure**.
3. **Faites fondre le beurre et le chocolat séparément puis incorporez-les au mélange précédent**.
4. Placez la pâte au réfrigérateur pendant 30 min.
5. **Déposez 1 grosse c. à café de pâte dans des empreintes à madeleine** en silicone.
6. **Enfournez pour 5 min puis baissez la température du four à 200 °C (th. 6-7) et poursuivez la cuisson** encore **7 min**.

"

Top des avis :
"N'ayant pas de moule à madeleines, j'ai fait des carrés d'aluminium de 3 à 4 cm de hauteur que j'ai mis sur la plaque du four. Impeccable pour le démoulage." Vero0035

"Terribles ! J'ajoute un petit carré de chocolat noir au centre, avant la cuisson, pour avoir un effet très chocolat en mordant dedans !"
Veromoun

Créer un serviteur avec des assiettes

Astuce : Pour obtenir la petite bosse emblématique de la madeleine, il faut créer un choc thermique : il faut donc que la pâte soit très froide et le four très chaud.

Chocolat noir pâtissier (120 g)
- Beurre (90 g)
- Sucre (100 g)
- Œufs (3) • Farine (110 g)
- Levure chimique (½ sachet)

Thé vert matcha (5 g)
Poudre de noisettes (65 g)
• Blancs d'œuf (4)
• Sucre (100 g) • Farine (50 g)
• Levure chimique
(¼ de sachet)
• Beurre (120 g)

recette proposée par
Mademoiselleyoko

FINANCIERS AU THÉ VERT

Pour 20 financiers
Préparation 30 min
Cuisson 10 min
Repos 12 h
Facile 🟠
Coût 🟠🟠🟠

Top des avis :
"Recette facile et le résultat est délicieux. **Je les ai servis avec une compotée de mangue.**"
mulotwarrior

"Super, **j'y ai ajouté quelques morceaux de gariguettes.**"
Wintzberen

"L'accord noisette / thé matcha est réussi. Par contre, **il est très important de respecter le temps de repos.**" Anefleur

Astuce : Vous pouvez ajouter 1 ou 2 framboises dans chaque financier avant d'enfourner.

❶ Dans un saladier, **fouettez les blancs d'œuf et le sucre** afin d'obtenir un mélange bien blanc.

❷ Dans un autre saladier, **tamisez la farine, la levure, la poudre de noisettes et le thé matcha**.

❸ **Incorporez ces poudres au mélange aux blancs d'œuf.**

❹ Dans une casserole, **faites chauffer le beurre à feu doux** jusqu'à l'obtention d'une jolie couleur noisette.

❺ **Ajoutez le beurre noisette à la préparation** et mélangez bien.

❻ **Faites reposer la pâte 12 h** au réfrigérateur.

❼ Préchauffez le four à 180 °C (th. 6).

❽ **Répartissez la pâte dans les empreintes d'un moule à financiers, enfournez** et laissez cuire **8 à 10 min**.

MADELEINES À LA FLEUR D'ORANGER

Pour 32 mini madeleines
Préparation 30 min
Cuisson 15 min
Repos 15 min
Facile
Coût €€€

Top des avis :
"Une excellente recette, les madeleines sont fines et délicates au goût. **Bien respecter le temps de pause me paraît indispensable. Pour moi, temps de cuisson : 8 min à 220 °C (th. 7-8).**" Emesse

"**J'ai ajouté des copeaux de chocolat.** Très bonne recette, merci !" MallyBou

"**J'ai mis 2 c. à soupe de jus d'orange pour remplacer l'eau de fleur d'oranger** et j'ai ajouté un peu de coco râpée et des raisins secs. À refaire." Gilles_59

Astuce : Le temps de repos au réfrigérateur est indispensable pour la formation de la « bosse » sur le dessus des madeleines.

❶ **Faites fondre le beurre** à la casserole ou au four à micro-ondes.

❷ Dans un saladier, **fouettez les œufs avec le sucre** jusqu'à ce que le mélange blanchisse.

❸ **Ajoutez la fleur d'oranger et 4 cl de lait**.

❹ **Ajoutez la farine et la levure**. Mélangez bien.

❺ **Incorporez le beurre fondu et le restant de lait**.

❻ **Laissez la pâte reposer 15 min au réfrigérateur**.

❼ Préchauffez le four à 240 °C (th. 8).

❽ **Beurrez les empreintes des moules** à madeleines (ou utilisez des moules en silicone), et **remplissez-les aux trois quarts de pâte**.

❾ **Enfournez. Au bout de 5 min de cuisson, baissez la température du four à 200 °C (th. 6-7) et laissez cuire encore 10 min**.

❿ Démoulez dès la sortie du four.

Eau de fleur d'oranger
(2 c. à soupe)
- Œufs (3) • Sucre (150 g)
- Farine (200 g)
- Levure chimique (½ sachet)
- Beurre (100 g)
- Lait (5 cl)

Chocolat noir pâtissier (200 g)
- Œufs (3) • Beurre (100 g)
- Farine (100 g)
- Sucre (100 g)

recette proposée par
Saouss

MUFFINS AU CHOCOLAT

Pour 6 muffins
Préparation 15 min
Cuisson 10 min
Très facile
Coût

❶ Préchauffez le four à 200 °C (th. 6-7).

❷ Dans une casserole, **faites fondre au bain-marie 180 g de chocolat cassé en morceaux avec le beurre** coupé en dés.

❸ Dans un saladier, **mélangez les œufs avec le sucre et la farine**.

❹ **Ajoutez petit à petit le chocolat fondu**.

❺ **Remplissez aux trois quarts des moules** à muffin en silicone de pâte.

❻ **Enfoncez 1 carré de chocolat** au centre de chacun.

❼ À l'aide d'un couteau, **hachez le reste du chocolat en pépites et parsemez-en les muffins**.

❽ **Enfournez** et laissez cuire **10 min**.

Top des avis :
"Très bon, facile à faire… **J'ai mis un carré de caramel au milieu et réchauffé les muffins 1 min au micro-ondes pour les déguster tièdes…**" Kikisandra

"Parfait, rien à changer ! **Avec un carré de chocolat blanc au cœur du muffin, c'est juste une tuerie !**" alidelf

"Un régal, ces petits muffins. **J'ajoute un peu de levure chimique et je mets 20 g de beurre en moins.**" narkiissos

Astuce : Si vous utilisez un moule en Téflon, garnissez chaque alvéole d'une caissette en papier.

recette proposée par
Lysettelabelette

FINANCIERS AU CHOCOLAT

Pour 20 financiers
Préparation 40 min
Cuisson 25 min
Facile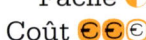
Coût

Top des avis :

"Ces financiers sont vraiment fabuleux. **Accompagnés d'une crème pâtissière ou anglaise réalisée avec les jaunes d'œuf,** ils sont parfaits." Kyrian

"Fondants à souhait, extra bons en petit format, **à ne pas manquer pour les fans de chocolat.**" Audrey_3114

"C'était excellent, je les ai faits avec du chocolat pâtissier au lait, c'est tout ce que j'ai changé…" Laurette_28

"Cuits dans des moules à muffin en silicone, ces petits gâteaux étaient délicieux. Merci beaucoup pour votre recette." Valérie_177

❶ Préparez la ganache : **faites chauffer la crème fleurette dans une casserole. Cassez le chocolat dans un grand bol puis versez la crème bouillante dessus.** Attendez quelques instants puis remuez jusqu'à l'obtention d'une consistance homogène.

❷ Préchauffez le four à 180 °C (th. 6).

❸ Dans un grand bol, **mélangez la poudre d'amandes, la farine, le sucre glace, le sel et la levure.**

❹ Dans un saladier, **fouettez les blancs d'œuf à la fourchette** pour les homogénéiser mais sans les monter. **Ajoutez le mélange précédent.**

❺ Préparez un beurre noisette : **faites blondir le beurre sur feu doux jusqu'à ce qu'il prenne une jolie couleur dorée. Laissez-le refroidir un peu.**

❻ Incorporez-le au mélange blancs d'œuf-poudres.

❼ **Ajoutez cette préparation à la ganache et mélangez bien.**

❽ **Versez la pâte dans des moules à financier en silicone et enfournez pour 15 à 25 min** selon la taille des moules : la cuisson est terminée quand la surface se fendille.

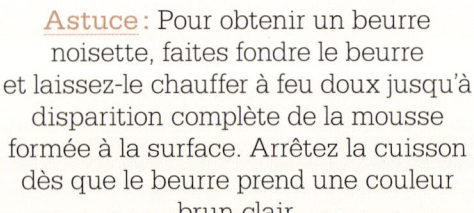

Astuce : Pour obtenir un beurre noisette, faites fondre le beurre et laissez-le chauffer à feu doux jusqu'à disparition complète de la mousse formée à la surface. Arrêtez la cuisson dès que le beurre prend une couleur brun clair.

Chocolat noir pâtissier (200 g)

Poudre d'amandes (80 g)

Crème fleurette (20 cl)

- Blancs d'œuf (4) • Farine (50 g)
- Beurre doux (80 g)
- Sucre glace (80 g)
- Levure chimique (½ c. à café)
- Sel (¼ c. à café)

Chocolat noir pâtissier (150 g)
Cacao non sucré (2 c. à soupe)
• Farine (300 g) • Œufs (2)
• Beurre (100 g)
• Lait (20 cl) • Sucre (125 g)
• Levure chimique (1 sachet)
• Sel (½ c. à café)

recette proposée par
Laure_204

MINI MUFFINS DOUBLE-CHOCOLAT

Pour 24 mini muffins
Préparation 15 min
Cuisson 20 min
Très facile
Coût

> **Top des avis :**
> "Cette recette est excellente, les petits et les grands se sont régalés. **Accompagne aussi bien une assiette gourmande que le petit déjeuner de la famille.**"
> 220919
>
> "La deuxième fois, **j'ai ajouté quelques cuillerées de chocolat en poudre dans la pâte sèche.** Et les muffins étaient excellents !"
> Eleaqdr

Astuce : Ces muffins sont meilleurs chauds : s'il vous en reste le lendemain, réchauffez-les une quinzaine de secondes au micro ondes à puissance maximale.

❶ **Cassez le chocolat en petits morceaux** à l'aide d'un bon couteau (veillez à ne pas faire trop de miettes).

❷ Préchauffez le four à 180 °C (th. 6).

❸ Dans un saladier, **préparez la pâte sèche : mélangez la farine, la levure, le sucre, le cacao, les morceaux de chocolat et le sel**.

❹ Dans un autre saladier, **préparez la pâte liquide : mélangez les œufs, le lait et le beurre** préalablement **fondu**.

❺ **Versez la pâte liquide sur la pâte sèche. Mélangez rapidement** avec une cuillère en bois : la pâte doit être pleine de grumeaux.

❻ **Versez la préparation dans des moules à mini muffin** préalablement **beurrés et enfournez pour 20 min** environ.

❼ Dégustez-les tièdes.

recette proposée par
Christophe_27

MADELEINES AU CITRON

Pour 18 madeleines
Préparation 15 min
Cuisson 12 min
Repos 30 min
Facile
Coût

Top des avis :
"Vraiment très bon, **j'ai remplacé le citron par trois gouttes d'huile essentielle d'orange douce.**"
Lydia299

"Au moment de servir, faites un lit de menthe/thym/romarin légèrement humidifié au fond d'une cocotte. Faites chauffer à feu doux 1 min. Hors du feu, déposer les madeleines sur ce lit. Laissez infuser quelques minutes et vous obtiendrez des madeleines avec des saveurs exceptionnelles."
Lydia299

Astuce : Pour une saveur bien citronnée, ajoutez le jus de 1 citron.

❶ Préchauffez le four à 220 °C (th. 7-8).

❷ **Faites fondre le beurre** dans une petite casserole ou au micro-ondes. Laissez-le refroidir.

❸ **Hachez finement le zeste de citron**.

❹ Dans un saladier, **cassez les œufs, ajoutez le sucre et fouettez vivement** jusqu'à ce que le mélange double de volume.

❺ **Ajoutez la farine et la levure**.

❻ **Incorporez le beurre fondu, puis le zeste**. Mélangez bien.

❼ **Laissez reposer 30 min au réfrigérateur**.

❽ **Remplissez de pâte les empreintes d'un moule à madeleines** préalablement beurré aux trois quarts, enfournez et **laissez cuire 4 min**.

❾ **Baissez la température du four à 200 °C (th. 6-7) et poursuivez la cuisson 8 min :** les bords des madeleines doivent être colorés.

❿ Laissez tiédir puis démoulez.

Zeste de citron non traité (1)
- Œufs (3) • Sucre (100 g)
- Farine (110 g)
- Levure (1 c. à café)
- Beurre salé (90 g)

Chocolat noir pâtissier (100 g)
Poudre d'amandes (40 g)
Rhum (3 c. à soupe)
• Beurre (80 g) • Sucre (60 g)
• Œufs (2)

recette proposée par **Crevette**

PETITS GÂTEAUX CHOCOLAT-AMANDE

Pour 6 personnes
Préparation 15 min
Cuisson 10 min
Très facile 🟠
Coût 🟠🟠🟠

① Préchauffez le four à 180 °C (th. 6).

② **Faites fondre le chocolat** au bain-marie ou au micro-ondes.

③ Dans un saladier, **travaillez le beurre** préalablement **ramolli et le sucre jusqu'à l'obtention d'un mélange mousseux.**

④ **Ajoutez le chocolat fondu, la poudre d'amandes, les œufs et le rhum**. Mélangez bien.

⑤ **Beurrez des moules à muffin** ou, mieux, utilisez des caissettes en papier. **Remplissez-les aux trois quarts**.

⑥ **Enfournez pour 10 min**. Servez tiède.

> Top des avis:
> "Faits pour la Saint-Valentin avec, pour accompagner, des quartiers de poires et une crème anglaise : parfait ! **Aussi bons tièdes que froids !**"
> Julia_218,

"Merci, c'était un vrai délice ! Un conseil : doublez les quantités, car vous n'en aurez pas assez." Céline_1726

"J'ai ajouté un peu d'amande amère pour accentuer le goût de l'amande et **j'ai doublé les doses. J'ai ajouté 1 c. à soupe de Maïzena**." Maga241802

Astuce : Remplacez la poudre d'amandes par de la poudre de noisettes ou de noix de coco.

recette proposée par
Teenmummy

CUPCAKES AUX CARAMBAR

Pour 8 personnes
Préparation 20 min
Cuisson 25 min
Très facile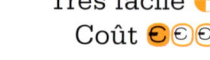
Coût

Top des avis :
"J'ai testé avec des Carambar à la barbe à papa et c'est extra également !" Emmanaud

"Un délice ! **Je ne suis pas fan de la crème au beurre, j'ai donc remplacé le beurre par du Philadelphia.** Je garde cette recette dans mon carnet." celine_3158

Astuce : Remplacez les Carambar par un caramel maison !

 La recette filmée

① Préchauffez le four à 180 °C (th. 6).

② Préparez la pâte : dans un saladier, **mélangez le beurre** préalablement **ramolli et le sucre**.

③ **Ajoutez les œufs** un à un.

④ **Incorporez la farine et la levure**.

⑤ Dans une casserole, **faites fondre une dizaine de Carambar dans le lait**.

⑥ **Ajoutez le lait au Carambar à la pâte** en mélangeant délicatement.

⑦ **Coupez les 5 Carambar restants en morceaux puis incorporez-les à la pâte**.

⑧ **Répartissez la pâte dans les moules à cupcake** (ou à muffin) préalablement beurrés en les remplissant aux trois quarts.

⑨ **Enfournez** et laissez cuire **20 à 25 min**.

⑩ Pendant ce temps, préparez le glaçage : **mélangez le sucre glace, le beurre et l'arôme caramel**.

⑪ À la sortie du four, **laissez refroidir les gâteaux**, démoulez-les puis **recouvrez-les de glaçage à l'aide d'une poche à douille**.

Pour la pâte :
Carambar (15)
- Beurre (120 g) • Sucre (160 g)
- Œufs (2) • Farine (175 g)
- Levure chimique (½ sachet)
- Lait (25 cl)

Pour le glaçage :
Arôme caramel liquide
(3 ou 4 c. à soupe)
- Sucre glace (140 g)
- Beurre (120 g)

Chocolat noir pâtissier (125 g)
Amandes hachées ou noix de coco en poudre (50 g)
• Sucre (125 g)
• Beurre (125 g)
• Farine (50 g)
• Œufs (3)

recette proposée par
Martine

PETITS PAVÉS AU CHOCOLAT AMANDES OU NOIX DE COCO

Pour 6-8 personnes
Préparation 20 min
Cuisson 15 min
Très facile
Coût €€€

① Préchauffez le four à 210 °C (th. 7).

② Dans une casserole, **faites fondre au bain-marie le beurre avec le chocolat**.

③ Dans un saladier, **mélangez tous les autres ingrédients puis ajoutez le chocolat fondu**.

④ **Versez la pâte dans un moule** préalablement beurré ou dans des caissettes en papier.

⑤ **Enfournez** et laissez cuire **10 à 15 min**.

⑥ Servez froid.

Top des avis :
"Excellent effectivement. **Moi, je les ai faits avec des noix dans de petits moules individuels**."
Isabelle_647

"Très bon et très facile, je garde la recette de côté, **pratique quand il y a des invités surprises pour le café**." Céline_6684

"Excellent ! J'ai utilisé des moules à madeleine en rajoutant dans la recette un demi-sachet de levure, le résultat est sublime ! **À déguster tiède et sans modération !**"
Zera

Astuce : Remplacez les amandes hachées par des noix de pécan ou des cacahuètes caramélisées.

recette proposée par
Nadine

MUFFINS AUX POIRES ET PÉPITES DE CHOCOLAT

Pour 12 muffins
Préparation 5 min
Cuisson 20 min
Très facile
Coût €€€

> **Top des avis :**
> "Excellente recette. **Je conseille vivement l'utilisation de poires fraîches car ça donne plus de goût** (à couper en petits morceaux)."
> Lyhues6
>
> "J'ai fait des toutes petites bouchées, dans des moules **à cannelés**, 10-12 min de cuisson suffisent alors."
> Liselott

Astuce : Utilisez des pépites de chocolat blanc.

 La recette filmée

❶ Préchauffez le four à 180 °C (th. 6).

❷ Dans un saladier, **mélangez la farine, les pépites de chocolat, la levure, le bicarbonate de soude et le sel**.

❸ Dans un autre saladier, **fouettez les œufs avec le sucre** jusqu'à ce que le mélange blanchisse. **Ajoutez le beurre** préalablement **fondu, la vanille et le miel**. Mélangez bien.

❹ **Écrasez grossièrement les poires** à la fourchette puis **incorporez-les au mélange précédent avec 2 c. à soupe de sirop**.

❺ **Versez cette préparation sur le mélange sec** puis mélangez grossièrement : il doit rester des grumeaux.

❻ **Remplissez les moules à muffin** préalablement beurrés **de pâte aux deux tiers**.

❼ **Enfournez** et laissez cuire **20 min**.

- Farine (250 g)
- Levure chimique (½ sachet)
- Extrait de vanille ou sucre vanillé (1 c. à café)
- Sel (1 pincée)
- Sucre (150 g)
- Œufs (2)
- Beurre (100 g)

Poires au sirop (3 demies + 2 c. à soupe de sirop)
Pépites de chocolat (100 g)
Bicarbonate de soude (1 c. à café)
Miel liquide (1 c. à soupe)

Nutella (60 g)
Yaourt nature (1 pot)
- Farine (280 g) • Beurre (100 g)
- Œufs (2) • Sucre (100 g)
- Sucre vanillé (1 sachet)
- Lait (10 cl)
- Levure chimique (½ sachet)
- Sel (1 pincée)

recette proposée par
Emilie_2401

MUFFINS AU CŒUR DE NUTELLA

Pour 12 muffins
Préparation 15 min
Cuisson 20 min
Facile
Coût €©©

Top des avis :
"J'ai remplacé le yaourt nature par deux yaourts à la vanille."
Catga77

"J'ai ajouté un peu de crème allégée pour plus d'onctuosité (en plus du yaourt) et **j'ai remplacé les 10 cl de lait par la même quantité de Bailey's (crème de whisky) pour donner plus de saveur.** Et puis je n'ai pas lésiné sur le Nutella !" lantalduchat

"Très moelleux, la recette est parfaite. **J'ai essayé avec du fromage blanc à la place du yaourt.**" Mcc63

Astuce : Placez le Nutella au réfrigérateur 30 min avant de l'utiliser.

❶ Préchauffez le four à 180 °C (th. 6).

❷ Dans un saladier, **mélangez la farine, la levure et le sel**.

❸ Dans un autre saladier, **fouettez les œufs avec le sucre et le sucre vanillé** jusqu'à ce que le mélange blanchisse.

❹ **Versez le beurre** préalablement **fondu sur ce mélange** sans cesser de remuer puis **ajoutez le lait et le yaourt**.

❺ Incorporez le mélange farine-levure-sel.

❻ Beurrez et farinez les moules à muffin.

❼ **Remplissez les moules de pâte au tiers puis déposez une noix de Nutella au centre. Recouvrez du reste de pâte**.

❽ **Enfournez** et laissez cuire **20 min**.

❾ À la sortie du four, patientez 5 min avant de les démouler. Dégustez-les tièdes.

recette proposée par
Elvire59

CONGOLAIS

Pour 12 congolais
Préparation 5 min
Cuisson 15 min
Très facile
Coût €€€

Top des avis :
"Délicieux et simple !
**J'ai proportionné différemment :
50 g de sucre pour 70 g de coco.**"
Annecat

"Très bon et simple. **À enrober de chocolat noir fondu pour changer,** c'est très bon !"
Frunobulax

"**Pour un blanc de 36 g, j'ai mis 48 g de sucre et 65 g de coco.** C'est excellent : pas trop sucré, croustillant à souhait ! Aussi vite mangés que préparés !"
Vero_7

<u>Astuce</u> : Pour une version amande, remplacez la poudre de noix de coco par de la poudre d'amandes.

❶ Préchauffez le four à 175 °C (th. 5-6).

❷ **Faites légèrement chauffer le beurre** dans une casserole puis versez-le dans un saladier.

❸ Quand il est fondu et encore chaud, **ajoutez le blanc d'œuf** et remuez vivement.

❹ **Incorporez le sucre** sans cesser de mélanger : le mélange doit être bien mousseux.

❺ **Ajoutez alors la noix de coco** et amalgamez bien le tout.

❻ **Faites des petits tas sur une plaque** préalablement beurrée et farinée puis, avec vos doigts, **formez des petits cônes.**

❼ **Enfournez** et laissez cuire **15 min :** les congolais doivent être légèrement dorés.

❽ Décollez les congolais à l'aide d'un couteau ou d'une spatule.

Noix de coco en poudre (60 g)
- Blanc d'œuf, à température ambiante (1)
- Sucre (60 g)
- Beurre (½ c. à café)
- Farine

Chocolat noir pâtissier (70 g)
Vanille (1 gousse)
Cacao amer (20 g)
Rhum (4 c. à soupe)
• Lait (50 cl) • Beurre (80 g)
• Œufs (2) • Sucre (250 g)
• Jaunes d'œuf (2)
• Farine (100 g)
• Sel (1 pincée)

recette proposée par
Juliette_293

CANNELÉS AU CHOCOLAT

Pour 20 cannelés
Préparation 20 min
Cuisson 45 min
Repos 12 h
Facile
Coût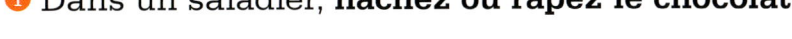

> **Top des avis :**
> "Très bon grâce à leur texture particulière, **je les fais régulièrement, en même temps que des cannelés traditionnels.** Cela diversifie un peu le dessert ! À refaire !" Camicolas
>
> "Cela change des cannelés à la vanille. J'ai testé la recette comme indiqué et **la seconde fois, j'ai ajouté de la noix de coco à la préparation.** Les deux recettes sont très bonnes." Marie_536
>
> "Avant de les servir, je coupe le dessus des cannelés, j'y mets de la glace vanille, je remets le chapeau et je verse du chocolat fondu avec de la chantilly, **façon profiteroles**. Un délice !" 1122steph

Astuce : Juste avant d'enfourner, glissez à l'intérieur de chaque cannelé un carré de chocolat noir.

① Dans un saladier, **hachez ou râpez le chocolat**.

② **Mettez le lait dans une casserole avec le beurre et la gousse de vanille fendue en deux, puis portez à ébullition**.

③ **Versez le mélange chaud sur le chocolat et remuez doucement** jusqu'à ce que le mélange soit homogène.

④ Dans un autre saladier, **battez à la fourchette les œufs entiers, les jaunes d'œuf, le sel et le sucre**.

⑤ **Incorporez délicatement la farine et le cacao**.

⑥ **Ajoutez le mélange lait-beurre-chocolat (retirez la gousse de vanille) et fouettez énergiquement**.

⑦ **Incorporez enfin le rhum**.

⑧ **Laissez reposer la pâte au réfrigérateur durant 12 h** (versez-la dans une bouteille en plastique, vous aurez plus de facilité à remplir les moules ensuite).

⑨ Préchauffez le four à 210 °C (th. 7).

⑩ **Beurrez les moules à cannelé**.

⑪ **Versez-y la pâte** en remplissant les alvéoles aux trois quarts de leur hauteur et **enfournez pour 40 à 45 min**.

recette proposée par **AnneCe**

MUFFINS POMMES, CANNELLE ET GINGEMBRE

Pour 20 petits muffins
Préparation 15 min
Cuisson 30 min
Très facile
Coût

1. Préchauffez le four à 180 °C (th. 6).
2. Dans un saladier : **mélangez la farine, la levure, les épices et le sel**.
3. Dans un autre saladier, **fouettez les œufs avec le sucre** jusqu'à ce que le mélange blanchisse.
4. **Ajoutez le yaourt**. Mélangez bien.
5. Épluchez les pommes, **coupez-les en petits morceaux et ajoutez-les à la préparation précédente**.
6. **Versez cette préparation sur le mélange sec et mélangez** grossièrement : il doit rester des grumeaux.
7. **Versez la pâte dans des moules à muffin** préalablement **beurrés aux deux tiers**.
8. **Enfournez** et laissez cuire **25 à 30 min**.

Top des avis :
"J'ai remplacé le sucre par du sirop d'érable pour ajouter un petit quelque chose. Succès garanti…" Kancrelune

"J'ai fait cette recette dans un plat à tarte car je n'avais pas assez de moules à muffins (et aussi car c'est plus rapide…), ça ne change ni d'aspect ni de goût !" mamati57

"Les muffins sont vraiment très moelleux. J'ai remplacé les yaourts par du fromage blanc. Un vrai régal." indiennes

Astuce : Remplacez les yaourts par le même poids en fromage blanc.

Yaourt (1,5 pot)
Pommes (3 ou 4)
Gingembre en poudre (1 c. à café)
Cannelle en poudre (1 c. à café)
• Farine (200 g) • Sucre (200 g)
• Œufs (2) • Levure chimique (½ sachet)
• Sel (1 pincée)

INDEX

A
- Cake aux amandes — 26
- Gâteau à l'ananas — 86

B
- Cake à la banane — 30
- Gâteau aux bananes et pépites de chocolat — 94

C
- Cake à la cannelle et aux pommes caramélisées — 36
- Cupcakes aux Carambar — 128
- Gâteau moelleux caramel et chocolat — 50
- Gâteau aux carottes — 96
- Mini muffins choco-noisettes — 110
- Cannelés au chocolat — 138
- Cake au chocolat — 12
- Cupcakes au chocolat — 106
- Financiers au chocolat — 120
- Gâteau d'anniversaire au chocolat — 76
- Madeleines au chocolat — 112
- Mini muffins double-chocolat — 122
- Moelleux au chocolat — 82
- Muffins au chocolat — 118
- Pavé au chocolat — 98
- Petits gâteaux chocolat-amande — 126
- Petits pavés au chocolat amandes ou noix de coco — 130
- Gâteau au chocolat des écoliers — 72
- Moelleux au chocolat et au gingembre — 88
- Cake au chocolat et aux noisettes — 38
- Gâteau chocolat praliné — 92
- Cake au citron — 22
- Fondant au citron — 80
- Madeleines au citron — 124
- Congolais — 136
- Cake aux courgettes et chocolat — 20
- Moelleux à la crème de marrons — 102
- Fondant à la crème de marrons et au chocolat — 66

D
- Cake aux dattes — 28

F
- Madeleines à la fleur d'oranger — 116
- Muffins à la framboise — 104
- Cake aux fruits confits — 18

M
- Moelleux au mascarpone — 70
- Cake au miel — 42
- Muffins aux myrtilles — 108

N
- Cake aux noix — 14
- Gâteau roulé au Nutella — 78
- Muffins au cœur de Nutella — 134

O
- Cake à l'orange et à la cannelle — 24
- Moelleux orange et chocolat — 62

P
- Cake au pavot et au citron — 16
- Cake aux pépites de chocolat — 44
- Muffins aux poires et pépites de chocolat — 132
- Gâteau aux pommes — 84

	Cake pommes-bananes	40
	Muffins pommes, cannelle et gingembre	140
	Pudding pommes chocolat	52
	Cake aux pommes et au citron	8
	Gâteau pommes, noix et cannelle	58
	Pavé de potiron au chocolat	74
Q	Quatre-quarts	64
R	Cake à la rhubarbe	10
	Moelleux à la rhubarbe	90
	Gâteau à la ricotta	56
S	Gâteau de semoule	60
	Cake aux spéculoos	46
T	Financiers au thé vert	114
V	Cake vanille-chocolat	32
	Gâteau marbré vanille et chocolat	68
Y	Gâteau au yaourt et au Nutella	54

CRÉDITS PHOTO

Manina Hatzimichali/Marmiton: p. 8, p. 24, p. 35, p. 40, p. 43, p. 47, p. 54, p. 61, p. 70, p. 74, p. 81, p. 86, p. 102, p. 129, p. 133, p. 134.

Marmiton: p. 90.

Sucré Salé: Amiel: p. 58 ; Bagros: p. 36 ; Bilic: p. 85 ; Bury: p. 27, p. 137 ; Caste: p. 28, p. 105, p. 113 ; Dacosta: p. 109 ; Ducas: couverture, p. 23 ; Food & Drink: p. 16 ; Foodfolio: p. 31 ; Fondacci: p. 19 ; Fondacci/Markezana: p. 12, p. 39, p. 73, p. 121 ; Georges: p. 117 ; Hall: p. 57, p. 65 ; Japy: p. 138 ; Leser: p. 69, p. 125 ; Lippmann: p. 89 ; Nicoloso: p. 50, p. 97, p. 106 ; Nurra: p. 94 ; Radvaner: p. 44 ; Ramen: p. 82 ; Roulier/Turiot: p. 118 ; Sirois: p. 15, p. 141 ; Studio: p. 11, p. 20, p. 32, p. 53, p. 62, p. 77, p. 93, p. 110, p. 122, p. 126, p. 130 ; Subiros: p. 66 ; Veigas: p. 114 ; Viel: p. 78 ; White: p. 98.